KB273132

시니어의 귀환

시니어의 귀환

초 판 1쇄 발행 | 2026년 3월 1일

지은이 김기진 신경숙 신현숙 김성탁 김진세 김영헌 마은경 송재하 박유주
부정필 가보경 이철형 이준자 변상록 전현숙 오순옥 현종도
펴낸이 김기진
펴낸곳 에릭스토리
편집주간 Qbit
디자인 가보경 이소윤
출판등록 2023. 5. 9(제 2023-000026 호)
주 소 서울특별시 금천구 디지털로9길 47, 1303-2
전 화 (02)6673-1238
팩 스 (02)6674-1238
이메일 ericstory1238@naver.com(원고 투고)
홈페이지 ericstory.co.kr

ISBN 979-11-992246-9-8 (13320)

시니어의 귀환

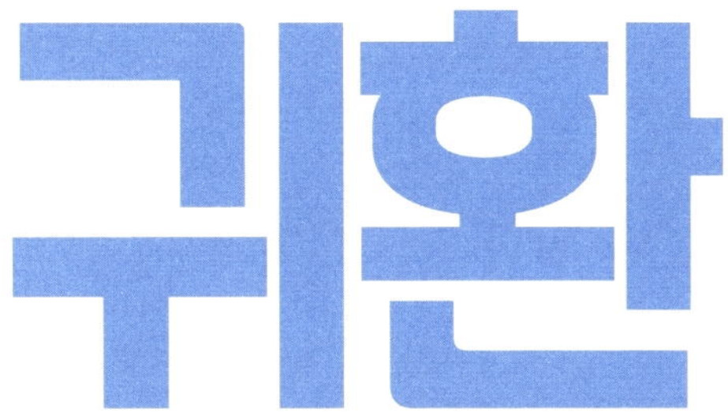

김기진 외

ERiC Story

나는 오늘
곡선을 하나 지웠다

말이 많던 하루에서
꼭 필요하지 않은 감정을 내려놓았다

수직으로 서고
수평으로 숨을 고르자

비어 있던 흰 공간에
마침내

경험이라는
나의 색 하나가
빛으로 남았다

경험은 줄어들지 않는다.
다만, 아직 불리지 않았을 뿐이다

어느 날, 강의가 끝난 뒤였다. 정리를 마치고 나가려는데 한 분이 조용히 다가왔다. 그분이 말을 꺼내기까지 잠시 시간이 걸렸다.

"오늘 강의요…."

잠깐 멈춘 뒤, 그분은 이렇게 말했다.

"집에 가서 좀 생각을 해봐야 할 것 같습니다."

무엇을 생각해야 하는지 굳이 묻지 않아도 알 것 같았다. 그 말은 이해가 안 됐다는 뜻이 아니라, 마음 어딘가가 건드려졌다는 신호였다.

필자는 이런 장면을 꽤 자주 마주한다. AI 활용 교육을 하면서도, 1대1 코칭 자리에서도, 책을 써보고 싶다며 찾아온 사람들과의 대화 속에서도 비슷한 순간이 반복된다.

사람들은 기술보다 먼저 자기 이야기를 떠올린다.

"제가 이런 걸 해봤는데, 이게 지금도 의미가 있을까요?"

"예전엔 당연하던 경험이 이제는 설명하기가 어렵습니다."

이 질문들은 능력이 부족해서 나오는 것이 아니다. 오히려 충분히 달려온 사람들일수록 더 자주 꺼내는 말이다. 살아온 시간이 길수록 겪은 일은 많아지고, 선택의 흔적도 늘어난다. 하지만 그만큼 자신을 한 문장으로 설명하기는 점점 어려워진다. 그리고 그 어려움은 특정한 나이의 문제가 아니다.

현장에서 만난 사람들은 각자의 자리에서 비슷한 질문 앞에 선다. 어떤 이는 계속 앞으로 나아갈지, 어떤 이는 지금까지의 시간을 다른 방식으로 써볼지, 그 선택의 기로에서 조용히 자기 자신을 다시 바라본다.

AI는 이 전환의 한가운데에 있다. AI는 누군가의 경험을 대신 만들어주지 않는다. 하지만 경험을 다시 꺼내보고, 정리하고, 다른 맥락에 올려놓는 일을 도와준다. 그래서 AI는 누군가를 밀어내기 전에 누군가를 다시 부르는 도구가 될 수 있다.

강의실에서 AI에게 질문을 던지던 사람이 갑자기 웃음을 터뜨리는 장면을 필자는 여러 번 보았다.

"이건 AI 문제가 아니네요."

"제가 제 생각을 정리 안 해둔 게 문제네요."

자신이 무엇을 알고 있는지, 어떤 기준으로 판단해왔는지를 처음으로 마주하는 것이다. 이때부터 AI는 경쟁자가 아니라 거울이 된다. 자신의 생각을 비춰주는 도구가 되는 것이다.

이 책은 AI를 잘 쓰는 방법을 알려주는 책이 아니다. 빠르게 적응하라고 재촉하는 책도 아니다. 이미 충분히 살아온 사람들이 자신의 경험을 다시 불러내 현재로 돌아오는 과정을 천천히 따라가는 기록이다. 여기서 말하는 '귀환'은 과거로 돌아가는 일이 아니다. 예전의 직함이나 자리를 되찾는 것도 아니다.

AI 시대 귀환이란,
쌓아둔 경험을 들고,
지금 이 자리에서 다시금 서는 일이다.

이 책에는 필자의 이야기와 함께 열여섯 명의 이야기가 이어진다. 누군가는 직함이 바뀐 뒤에, 누군가는 커리어의 공백 앞에서, 누군가는 삶의 리듬을 다시 세우는 과정에서 자신만의 귀환을 시작했다.

이 책은 정답을 제시하지 않는다. 대신 묻고 있다.

"당신은 어디에서 다시 서고 싶은가."

만약 이 질문 앞에서 잠시 멈춰 섰다면, 이미 귀환은 시작된 것이다. 경험은 줄어들지 않는다. 다만, 아직 불리지 않았을 뿐이다. 이제부터 그 이름을 천천히 불러보려 한다.

추천사

'귀환'이라는 단어가 주는 묵직한 느낌이 이 책의 내용을 대변하고 있다. 시니어가 되어 가는 사람들이 어떻게 자신의 정체성을 새로 다잡아야 하는가 하는 주제이기도 하지만, 오히려 언젠가 다가올 시니어로서의 자신에 대해 알아보고 싶은 욕구와 준비를 위한 안내이기도 하다. 인간은 자신이 아직 가보지 않은 길에 대한 호기심과 두려움을 가지고 있어, 앞서 그 입장에 가 있는 사람들이 어떻게 느끼며 처신하고 있는지를 궁금해한다. 그런 점에서 이 책은 단순히 행동 방법을 넘어, 어떤 철학을 가지고 시니어의 삶을, 아니 지금부터의 삶을 이해하고 수용하며 자기 수련을 해야 하는지에 대한 생각의 문을 열어 주는 소중한 책이다.

– 노연상 경영자 전문 코치 | 전 에쓰오일 사장, 전 경동나비엔 부회장

《시니어의 귀환》 제목이 나의 뒤통수를 때린다. 요즘 망설이고, 이것저것으로 변명하는 나였다. AI가 바로 눈앞에 와 있는데 그저 문명의 낙오자가 되어 가는 나에게 친절하게 손을 내밀어 주는 시니어를 위한 안내서이다. 세컨드 라이프는 퇴직 후 설계에서 시작된다는 평범한 진리가 이 책을 통해 보다 구체적으로 행동하고픈 용기와 자극을 받는다. 현재 현역에서 은퇴하신 분들이나 은퇴 예정인 분들께 이 책을 강력하게 추천한다.

– 이홍식 교수 | 연세의대 정신과학 명예교수

정년을 앞둔 시점에 던지는 질문은 이후 삶의 방향을 결정짓는 중요한 지침이 된다. 특히 "무엇을 해야 하는가"보다 "어떤 기준으로 살아갈 것인가"라는 질문은 삶을 재설계하도록 이끌며, 이러한 성찰의 과정에서 전문적 코

칭이 실질적인 도움이 될 수 있음을 이 책은 설득력 있게 보여 준다. 삶을 단계적으로 다시 설계하고 배움을 시작하는 과정은 퇴직을 끝이 아닌 새로운 출발로 바라보게 한다. 변화의 기로에서 방향을 다시 세우고 싶은 이들에게 이 책은 든든한 안내서가 될 것이다.

– 김광재 교수 | 포스텍 산업경영공학과

AI와 초고령화라는 두 개의 거대한 파도가 교차하는 지점에서, 이 책은 '시니어의 지혜'라는 보물을 꺼내 드는 책이다. 모든 것이 자동화되는 AI 시대일수록 역설적으로 데이터가 흉내 낼 수 없는 인간의 노련함과 맥락을 읽는 통찰은 대체 불가능한 '인간만의 강점'이다. 책에서는 시니어를 사회적 부양의 대상이 아닌, 복잡한 난제를 해결할 '노련한 가이드'로 재정의하는 내용이다.

AI로 변화하는 시대에서 우리에게 필요한 것은 AI를 도구로 잘 사용하는 법, 경험을 활용하는 법과 구체적인 역량 성장의 방향이다. 나이가 드는 것은 퇴보가 아니라 숙련의 과정이다. 그 길을 앞둔 모든 예비 시니어들에게 앞으로의 삶의 나침반이 될 것이다.

– 박종남 상무 | 롯데지주 AI/DT혁신팀

당신은 지금 어디쯤 서 있는가. 다가온 초고령화 100세 시대, 더구나 AI와 공존해야 하는 오늘의 삶은 더 이상 선형일 수 없다. 직선처럼 정해진 궤도를 따라가는 삶이 아니라 방향을 바꾸고 속도를 조절하며 스스로 길을 새로 그려야 하는 비선형의 삶이어야 한다. 길어진 시간이 축복이 되려면 전혀 다른 지도가 필요하다.

《시니어의 귀환》은 바로 그 지점에서 날카로운 질문을 던진다. 나는 누구인가. 나는 과연 준비되어 있는가. 나는 여전히 어제의 방식으로만 내일을 맞으려 하고 있지는 않은가. 이 책은 단순한 조언서가 아니라 멈춰 선 우리를 흔들어 깨우는 휘슬이다.

기회는 우연처럼 보이지만 실은 준비된 사람의 문을 두드린다. 서구 사회에서는 평균 5~8회의 커리어 체인지, 즉 경력 전환을 자연스럽게 받아들이지만 우리는 앞만 보고 달리다 퇴직과 동시에 낭떠러지를 만난다. 그래서 지금이 중요하다. 은퇴 후에 무엇을 할지 고민하는 것은 이미 늦다.

은퇴를 한 시니어는 물론 예비 시니어들에게 반란을 권한다. 익숙한 삶에 대한 반란은 퇴직 후의 선택이 아니라 바로 지금의 결단이 필요하다. 익숙한 삶에 균열을 내고, 새로운 배움을 시작하며, 스스로를 다시 설계하는 용기, 그 준비는 바로 지금Now이다.

– 가재산 회장 | AI책쓰기코칭협회

《시니어의 귀환》은 AI 전환의 거대한 물결 앞에서 시니어에게 가장 본질적인 물음을 건넨다. "나는 아직 필요한 사람인가?"라는 불안의 질문을 넘어, "내가 지나온 시간은 지금 어떤 자산으로 다시 쓰일 수 있는가?"라는 전환의 질문으로 우리를 이끈다. 이 책은 AI를 두려움의 대상이 아니라 성찰의 거울로 바라보게 하며, 축적된 경험을 흩어진 기억이 아닌 구조화된 통찰로 정리하도록 돕는다. 그리고 그 통찰을 다시 오늘의 실행으로 연결한다.

시니어의 귀환은 과거의 영광을 되찾자는 외침이 아니다. 그것은 경험을 현재의 언어로 번역하고, 변화의 문법에 맞게 다시 디자인하는 일이다. 저자들은 조용하지만 설득력 있는 목소리로 말한다. "경험은 낡지 않는다. 다만 재해석을 기다릴 뿐이다.”

변화의 속도 앞에서 잠시 멈춰 선 이들에게, 이 책은 흔들림을 다잡아 주는 단단한 기준이 된다. 두려움 대신 방향을, 회의 대신 가능성을 선택하도록 이끄는 힘. 《시니어의 귀환》은 다시 시작하려는 모든 이들에게 건네는 깊은 격려이자 시대를 건너는 용기의 선언이다.

– 윤은기 경영학박사 | 한국협업발전포럼 회장

산업 현장은 지금 거대한 전환의 한가운데에 있다. AI, 디지털 전환, 글로벌 경쟁 속에서 기업은 속도를 요구받고 있다. 그러나 속도만으로 미래를 지탱할 수는 없다. 방향을 잡아 주는 기준이 필요하다. 《시니어의 귀환》은 그 기준이 어디에서 비롯되는지를 보여 주는 책이다.

그 기준은 바로 ‘경험’이다.

이 책은 경력이 끝나는 이야기가 아니라, 경력이 다시 쓰이는 과정에 대한 이야기이다. 산업의 변화 속에서도 흔들리지 않는 통찰, 위기 속에서 길을 읽어 내는 판단력, 그리고 사람을 연결하는 힘은 기업과 지역 경제를 다시 일으키는 핵심 자산이다. 특히 AI 시대에 경험이 어떻게 경쟁력이 되는지를 실제 사례로 보여 준다는 점에서, 이 책은 산업계에도 중요한 메시지이다.

지금 우리에게 필요한 것은 새로운 기술만이 아니라, 축적된 시간을 다시 설계하는 용기이다. 《시니어의 귀환》은 개인의 변화에서 출발해 사회와 산업의 재도약으로 이어지는 작은 불씨이다.

– 선석기 청장 | 광주경제자유구역청

AI와 초고령 사회라는 거대한 변화 앞에서 우리는 아이들에게 무엇을 가르쳐야 하는지, 그리고 어른들은 무엇을 다시 배워야 하는지를 묻게 된다. 《시니어의 귀환》은 그 질문에 조용하지만 깊은 답을 건넨다. 이 책은 단지 은퇴 이후의 삶을 말하는 책이 아니다. 살아온 시간을 다시 배우고, 경험을 통찰로 바꾸는 과정이 곧 교육임을 보여 주는 책이다.

학교에서의 배움은 교실 안에만 머무르지 않는다. 삶의 현장에서 쌓인 판단과 기준이야말로 가장 살아 있는 교과서이다. 이 책에 담긴 열여섯 분의 이야기는 "경험은 사라지지 않는다"는 사실을 증명하며, 다음 세대에게도 큰 울림을 준다. 평생 학습의 시대에 배움은 나이와 함께 끝나지 않는다. 오히려 축적된 시간은 새로운 배움의 출발선이다.

이 책은 교사와 학부모, 그리고 인생의 후반전을 준비하는 모든 이들에게 따뜻한 이정표이다.

– 박병춘 총장 | 전주교육대학교

인생은 젊었을 때는 속도, 중년에는 방향, 노년에는 중심이다. 젊었을 때는 좌충우돌이 경험이 되는 시기로 패기와 열정으로 뛰고, 중년에는 가족의 운명 또는 공동체의 운명을 쥔 사람으로서 방향이 중요하다. 노년은 다르다. 어디에 있든 중심을 꿰차고 세상을 바라보고 삶을 누리는 때다. 노년은 중심이 아름답다.

– 신광철 작가 | 소설 《환단고기》

《시니어의 귀환》은 지금을 설명하는 책이 아니라, 앞으로의 10년을 준비하게 만드는 책이다. 이 책이 말하는 귀환은 일시적 재취업이나 과거 명성의 회복이 아니다. 경험을 정리하고, 역할을 재정의하며, 스스로 선택한 방식으로 사회와 다시 연결되는 삶의 설계다. AI 시대에 시니어가 어떤 모습으로 살아갈 수 있는지, 가장 현실적이면서도 희망적인 미래상을 제시한다.

– 배재민 대표이사 | 딜로이트 컨설팅 코리아

'귀환'이라는 말에는 본래 있던 곳으로 돌아간다는 반가움과 서먹함이 담겨 있다. 이 책은 시니어가 귀환할 때 필요한 전략 무기가 AI라고 소개한다. 그리고 그 AI가 서먹해진 현장에서 시니어의 암묵지를 어떻게 자산으로 변모시킬 수 있는지를 친절하게 설명한다. 이 책은 귀환한 시니어가 경험적 맥락과 AI 신무기를 탑재한 새 인재로 거듭날 수 있음을 냉철하지만 따뜻한 시선으로 안내한다.

– 이은정 대표 | 시니어앤파트너즈

《시니어의 귀환》은 생산성이나 효율성으로 사람을 평가하지 않는다. 이 책은 시니어분들의 가치를 관록과 지혜에서 그 존엄을 찾고자 하고 있다. 경험에서 나오는 지혜는 늘 큰 의미가 있으며, 서둘지 않는 것은 결핍이 아니라 심오함이라 할 수 있다. AI가 발전할수록 이러한 관점은 더 중요해지는 느낌이 든다. 자신이 여전히 사회의 일부인지 묻고 있는 시니어분들께 이 책은 조용하면서도 뜻깊은 존중의 언어로 다가오는 것 같다.

– 노운하 대표이사 | 데일 카네기 코리아

목차

공저자 프로필

김기진 | KHR Group 한국HR포럼 대표

한국HR협회 및 KHR AI Agent 대표, ERiC Story 출판 대표, 아주대학교 겸임교수로 활동하고 있다. 16년간 제196회 KHR포럼을 개최했으며(회원 4,200명), AI 성능 최적화를 위한 AI Agent Tuning 컨설팅을 수행하고 있다. 육군 인사사령부 스마트 인재시스템 구축 자문위원으로도 활동했다. 저서로는 《QDer: 질문을 디자인하라》, 《Qbit: 나는 GPT를 이렇게 키웠다》 등 22권이 있다.

신경숙 | 한중경제문화교육협회 이사장

한중경제문화교육협회 이사장으로 한중 교류 기반 교육 활동을 이끌고 있다. 북경대학교 연구교수, 중앙대학교 객원교수로 활동했으며, 이화여대·연세대 중국어 강사, 중앙공무원교육원 중국어 교수를 역임했다. 사법중국어통역사로도 활동 중이다.

신현숙 | 한국능률협회, 겸임교수

30여 년간 국내외 기업에서 HR 전문가 및 CHRO로 조직설계, 조직문화, 성과관리 체계를 구축해왔다. 직원 육성 프로그램을 설계·운영하며 실무 중심의 HR 변화를 만들어왔다. 한국능률협회에서 강의하며, 조직이 "내일 당장 다르게 움직이게 돕는 일"을 지향한다. 공저 《AI 시대 임원 역할》.

김성탁 | KMA 한국능률협회 컨설턴트

KMA 한국능률협회 컨설턴트로 활동 중이다. (사)한국기업교육학회 회장, KLPGA 교육분과위원, ISPI 한국 챕터 보드로 활동했다. KIST 한국과학기술연구원 연구원, (사)한국코치협회 KPC 코치 경력을 보유했다. 저서 《ASEAN 주재원이 바라본 진짜 ASEAN》, 《Working with KOREANS》.

김진세 | 경영·관광 전략가, 교육자

연세대학교에서 경영학 석·박사를 취득했다. 한국관광공사에서 30여 년간 글로벌 마케팅과 인사관리를 이끌며 관광 세계화를 선도했다. 그랜드코리아레저(GKL)에서 톱 매니지먼트 경험을 쌓았으며, 우송대 전임교수, 중부대 초빙교수로 후학을 양성해왔다.

김영헌 | 경희대 경영대학원 코칭사이언스 주임교수

포스코에서 30년 이상 인사·인재육성·혁신 등 핵심 업무를 수행했다. 비서실장, 미래창조아카데미 원장, 포스텍 행정처장을 역임했다. 경영학박사, 경영자 전문코치, 한경닷컴 칼럼니스트로 활동 중이며, (사)한국코치협회 제9대 회장을 역임했다. 저서《행복한 리더가 끝까지 간다》, 공저《AI 시대 코치형 리더의 탄생》등 다수.

마은경 | KMA 한국능률협회 컨설턴트

20년간 교육체계 수립, 직무 분석, 역량 모델링 기반 과정 개발을 수행해온 전문가다. 승진자·리더십 등 계층별 역량교육과 변화·혁신 교육을 설계·운영했다. DX 역량 모델링 기반 DX Academy 구축·런칭으로 조직 전환을 지원했다. 저서《AI 대전환 시대, Who am I 나는 리더》.

송재하 | K-뷰티 기업 인사팀장

글로벌 화장품 시장을 선도하는 K-뷰티 기업에서 인사팀장을 맡고 있다. 연세대학교에서 인적자원개발 전공으로 석사를 취득했으며, 대기업과 공기업을 아우른 HR 경험을 바탕으로 사람과 조직의 성장을 돕는 일을 꾸준히 실천하고 있다. 공저《취업 FIT 성공취업 9가지 법칙》.

박유주 | 바른가치교육원 대표

바른가치교육원 대표로 20년간 사람의 말과 경험을 정리해 온 리더십·커뮤니케이션 교육 전문가다. 기업과 대학, 공공기관에서의 교육 경험을 바탕으로 AI를 활용해 삶의 경험을 구조화하고 그 안의 정체성과 리더십을 설계하는 프로그램을 운영하고 있다. 사람과 조직의 성장을 연구하며 현장에서 실천해 왔으며, 삼성화재해상보험(주) 교육팀 근무, 숙명여자대학교 교육학(리더십교육) 석사 과정을 거쳤다. 한양여자대학교, 건설기술교육원, 병무청 등에서 외래교수로 활동했다.

부정필 | 전주페이퍼 HR팀 팀장(수석)

전주페이퍼(구 한솔제지) HR팀 팀장(수석)으로 재직 중이다. 예술·사회·정치·평화에 관심을 두고 사람들과의 교류를 넓혀가고 있다. 일상의 단상을 풍자시와 에세이로 풀어내는 '방구석 로맨티시스트'로 글을 쓴다. 공저《하루하루 詩作》,《유비백세》,《AI 대전환 시대, Who am I 인간의 정체성과 변화 적응》.

가보경 | 프리랜서 디자이너

예원학교·서울예고·이화여대, 연세대 생활환경대학원 디자인경영 석사를 마쳤다. 편집 디자이너로 활동하며 유튜브 '가볼쌤의 비주얼 가득한 세상'을 운영한다. MAM 출판사 대표, 한국디지털문인협회 실무팀, 누리나래 본부장으로도 활동 중이다. 저서 《나는 빛나는 사람입니다》, 공저 《책은 브랜드입니다》 등 다수.

이철형 | 통합의학박사, 연구자·발명가·교육자

차의과학대학교에서 통합의학박사를 취득했으며, 한국정통침구학회 및 한국열린사이버대학교 특임교수로 재직 중이다. 수면·혈당관리 척추 기립근 자극장치, 웨어러블 전자기파 방출 장치로 국내 특허를 보유했다. 위식도역류질환·비특이적 목통증, 경락·경혈 재발견 등 다수 논문을 발표했으며, 《경혈보감》 감수를 수행했다. 호문클루스 테라피 기법을 개발·강의하며 '다시 낫는 몸'의 기준을 전하고 있다.

이준자 | 철학박사, 인문학 교육자

철학박사로 동양 인문학 강의와 독서 코칭, 디베이트 교육을 진행해왔다. 《논어》·《맹자》·《대학》·《중용》 등 고전을 쉽게 풀어내는 저술로 대중과 소통한다. 삶의 질문을 인문학 언어로 정리해 이해와 실천을 연결하는 작업을 이어가고 있다. 저서·역서 《논어, 감성으로 읽다》, 《쉽게 읽는 맹자》 등.

변상록 | 대전과학기술대학교 사회복지학과 명예교수

대전과학기술대학교 사회복지학과 명예교수로, 은퇴 이후 여가복지와 놀이치료를 연구해왔다. 한국행복심리연구협회 이사장이자 여가복지·놀이치료연구소 소장으로 활동 중이다. 행복심리 기반 시니어 삶 설계와 회복탄력성 증진 프로그램을 개발하고 있으며, 대전시 기획재정위원으로서 현장 경험을 정책과 제도로 연결한다.

전현숙 | 서예가, 캘리그래피 지도자

대한민국미술협회·서울미술협회 서예 부문 초대작가로 활동하고 있다. 신사임당 이율곡서예대전 초대작가이며, 다수 단체전과 그룹전에 참여했다. 세브란스병원 행정직 명예퇴직 후 연세대 보건대학원 국제보건학 석사를 취득했다. 아시안캘리그래피협회 지도자과정(마스터)을 이수하고 교육 강사로도 활동한다.

오순옥 | 미얀마 선교사, 빛과나눔장학협회 사무총장

미얀마 청소년의 자립과 나눔을 돕는 선교사이자 교육기획자로 활동해왔다. 차세대를 위한 준비로 AI를 학습하며, 현재 '미얀마 AI센터' 설립을 준비 중이다. 공저로는 《퍼실리테이션 입문》, 《퍼실리테이션 활용》, 《퍼실리테이션 인성》, 《우리 아이 미래지도》 등이 있다.

현종도 | 롯데멤버스, 경영컨설턴트

롯데그룹 및 딜로이트·IBM·PwC에서 27년간 경영컨설턴트로 근무했다. AX·DT·PI 등 대규모 경영혁신 프로젝트를 선도하며 다양한 산업을 경험했다. 롯데지주 AI TF 팀장/상무, 롯데이노베이트 본부장, 딜로이트 컨설팅 전무이사를 역임했다. 현재 롯데멤버스 상무(자문)로 활동하며 조직 혁신과 AI 전략을 지원한다.

나이가 아니라,
축적된 시간이 나를 증명한다

PART 1

나는 아직 끝나지 않았다

경험은 정리될 때 힘을 갖는다. 흩어져 있을 때는 그저 기억에 불과하지만, 기준으로 묶이는 순간 다시 쓰일 수 있다.

어느 순간부터, 나를 설명하기가 어려워졌다

어느 순간부터 자기소개가 길어지기 시작한다. 예전에는 이름과 직함만 말해도 대화의 방향이 잡혔다. 어디에 속해 있는지, 무슨 일을 하는지. 그 두 가지만으로도 상대는 고개를 끄덕였다. 하지만 지금은 말을 꺼내기 전에 잠깐 멈춘다. 이걸 먼저 말해야 할지, 저걸 덧붙여야 할지 순서를 가늠하게 된다.

"요즘은 어떤 일 하세요?"

이 질문 앞에서 말이 막히는 건 할 말이 없어서가 아니다. 오히려 할 말이 많아졌기 때문이다. 설명은 길어지는데, 설명하고 난 뒤에는 이상하게 허전함이 남는다. 내가 나를 잘 말한 건지, 아니면 더 흐리게 만든 건지 선뜻 판단이 서지 않는다. 이런 장면은 특정한 사람에게만 나타나지 않는다.

40대 중반의 사람들은 아직 조직 안에 있다. 성과도 있고, 역할도 분명하다. 그런데도 이런 말을 한다.

"이 일을 계속 설명할 수 있을지 잘 모르겠습니다."

말 속에는 불안보다 정직함이 담겨 있다. 자신의 시간을 그저 유지하는 방식으로 이어가고 싶지 않다는 마음이다.

50대에 들어서면 상황은 조금 달라진다. 해온 일은 분명히 많다. 경험도 충분하다. 그런데 설명은 오히려 더 어려워진다.

"정리가 안 됩니다."

이 말은 겸손이 아니라 상태에 대한 정확한 표현이다. 시간은 풍부했지만, 그 시간 속에서 무엇이 반복되었고 어떤 판단 기준이 만들어졌는지를 차분히 돌아볼 기회는 많지 않았기 때문이다.

60대 이후에는 질문이 더 조용해진다.

"이제는 내려놓을 때일까요."

이 말에는 포기보다는 선택의 기로가 담겨 있다. 앞으로 나아갈 것인가, 아니면 지금까지의 시간을 다른 방식으로 써볼 것인가. 이 모든 순간의 공통점은 하나다. 사람들이 약해졌기 때문이 아니라, 기존의 설명 방식이 더 이상 맞지 않게 되었다는 점이다.

예전에는 직함이 설명을 대신했다. 하지만 직함이 줄어들거나 의미가 약해지자, 설명은 개인의 몫이 되었다. 문제는 우리가 그 설명을 연습해본 적이 거의 없다는 데 있다. 일은 해왔지만, 그 일을 통해 만들어진 판단과 기준을 말로 정리해본 적은 생각보다 적다. 그래서 설명하려고 하면 사실만 나열하게 된다. 어디에서 무엇을 했는지, 어떤 성과를 냈는지. 하지만 그 설명만으로는 지금의 나를 충분히 담아내기 어렵다.

설명이 어려워졌다는 건 쓸모가 없어졌다는 뜻이 아니다. 오히려 반대다. 설명해야 할 것이 한 단계 더 깊어졌다는 신호이다. 이제는 무엇을 했는지가 아니라, 어떤 판단을 반복해왔는지, 어떤 기준을 지켜왔는지가 설명의 중심으로 이동하고 있다. 그 변화의 지점에서 사람들은 잠시 멈춘다. 그리고 묻는다.

"나는 어떤 사람인가. 무엇으로 설명될 수 있는가."

이 질문 앞에 서본 적이 있다면, 이미 변화는 시작된 것이다. 아직 답을 찾지 못했더라도, 그 질문을 피하지 않고 붙잡고 있다는 것만으로도 충분하다. 설명이 어려워진 순간은 끝이 아니라 전환의 입구다. 지금까지의 시간을 다시 바라보라는 신호다. 그리고 그 신호는 다음 질문으로 이어진다.

"AI 시대에도 정말로 남는 것은 무엇인가."

"속도와 기술이 지나간 뒤에도 끝내 나의 손에 남는 것은 무엇인가."

AI 시대에도 결국 남는 것은 '통찰'이었다

AI 이야기를 꺼내면 사람들은 먼저 속도를 말한다.

"너무 빠르다, 하루가 다르게 바뀐다, 따라가기 벅차다."

그 말 뒤에는 조금 다른 걱정이 따라온다.

"이제는 예전 경험이 별 의미가 없어지는 건 아닐까요."

이 질문은 AI에 대한 평가라기보다 자기 자신을 향한 질문이다. 지금까지 쌓아온 시간이 이 변화 앞에서 쓸모를 잃는 건 아닐지에 대한 조심스러운 불안이다.

필자는 강의실에서 이 장면을 자주 본다. 처음에는 기능에 대한 질문이 나온다. 어떻게 쓰는지, 무엇이 가능한지. 하지만 조금 시간이 지나면 질문의 방향이 바뀐다.

"이걸 쓰다 보니 제가 예전에 했던 판단의 기준이 떠오르는데요."

"이건 AI 문제가 아니라, 생각을 정리 안 해둔 게 문제였네요."

이 말이 나오는 순간, 교육장의 공기의 결이 달라진다. 위축되던 표정이 조금 느슨해지고, 시선이 다시 자기 쪽으로 돌아온다. AI는 분명

빠르다. 많은 정보를 한꺼번에 보여준다. 하지만 그 정보 앞에서 사람들은 곧 멈추고 만다. 이 중에서 무엇을 봐야 하는지, 어디까지가 중요한지 결정하기 어렵기 때문이다.

AI는 먼저 사람에게 묻지 않는다. 이게 맞는지, 저게 중요한지. 그 선택은 끝까지 사람의 몫으로 남는다. 그래서 AI를 쓰다 보면 기술보다 먼저 자기 자신을 보게 된다.

"나는 왜 이 부분에서 멈췄을까."

AI의 응답은 선택지가 너무 많아져서, 기준이 없으면 아무것도 고를 수 없다. 이때 필요한 기준이 바로 통찰이다. 통찰은 갑자기 생기는 능력이 아니다. 누구나 이미 몇 번은 사용해본 적이 있다.

중요한 결정을 내려야 했을 때, 사람을 선택해야 했을 때, 지금은 멈추고 조금 더 기다려야겠다고 판단했던 순간들이다. 그때 우리는 모든 이유를 다 설명하지 않아도 결정을 내렸다. 그리고 시간이 지나도 그 선택이 납득된다면, 그건 우연이 아니라 기준이 있었기 때문이다.

AI는 그 기준을 만들어주지 않는다. 하지만 그 기준이 있는지 없는지는 분명하게 드러낸다. AI 앞에서 길을 잃는 사람은 경험이 없는 사람이 아니다. 경험은 많지만, 그 경험을 한 번도 자기 언어로 정리해보지 않은 사람이다.

반대로, AI를 만나 오히려 자기 자리가 또렷해지는 사람도 있다. 그들은 기술만을 빨리 배우려고 하지 않는다. 대신 질문부터가 다르다.

"이 상황, 예전에 내가 겪었던 것과 비슷한데…."

이 말이 나오는 순간, AI는 달라진다. 정답을 내놓는 기계가 아니라, 사고를 확장하는 도구가 된다. 그래서 AI 시대에도 끝내 남는 것은 속도나 기능이 아니다. 내가 어떤 판단을 반복해왔는지, 어디에서 멈추고 어디에서 밀어붙여왔는지, 그 선택의 방향이다. 그건 새로 배워야 할 것이 아니라, 이미 가지고 있었던 것이다. 다만 꺼내 쓸 기회가 없었을 뿐이다.

AI는 그 통찰을 조용히 드러낸다. 그리고 묻는다.

"당신의 기준은 무엇인가."

이 질문 앞에서 잠시 멈춰 설 수 있다면, 이미 변화는 시작된 것이다. 이제 다음으로 이어지는 질문은 이것이다.

"그 통찰을 나는 어디에 다시 써볼 수 있을까."

내 경험이 다시
힘을 갖기 시작한 순간들

경험이 다시 힘을 갖는 순간은 대개 조용하다. 대단한 결심이나 극적인 전환에서 시작되지 않는다. 오히려 아주 사소한 장면에서 시작되는 경우가 많다. 필자가 현장에서 자주 보는 장면도 그렇다. 강의가 끝난 뒤, 사람들은 바로 자리에서 일어나지 않는다. 노트북을 덮고도 잠시 멈춘다. 누군가는 메모를 다시 들여다보고, 누군가는 질문 하나를 적어 내려간다.

"이걸 어디에 써먹을 수 있을까요?"

이 질문은 기술에 대한 질문처럼 들리지만, 사실은 자기 경험에 대한 질문이다. 지금까지 해온 일들이 이 변화 앞에서 어디에 놓일 수 있는지를 가늠해보는 순간이다. 그때부터 사람들의 이야기는 달라진다. 기능 이야기가 줄어들고, 자기 이야기가 나오기 시작한다.

"예전에 이런 상황이 있었는데요."

"그때는 이렇게 판단했었죠."

이 말이 나오기 시작하면 경험은 더 이상 과거가 아니다. 지금의 문제를 바라보는 기준으로 다시 등장한다. 경험이 힘을 갖는 건 기억나서가 아니다. 다시 사용되기 시작했기 때문이다.

필자는 이 순간을 여러 번 보아왔다. 처음에는 자신의 경험을 조심스럽게 꺼낸다. 혹시 시대에 뒤처진 건 아닐지, 지금 맥락과 맞지 않는 건 아닐지 스스로를 살핀다. 하지만 이야기를 이어가다 보면 표정이 달라진다. 자기 말에 스스로 설득되는 순간이 온다.

"그때 제가 왜 그렇게 했는지 이제야 알겠네요."

이 깨달음은 새로운 지식을 얻어서가 아니다. 이미 알고 있었던 판단을 다시 연결했기 때문이다. 경험은 다시 판단의 준거가 되고 이는 미래를 바라보게 하는 관점이기도하다. 이 타이밍에 AI는 탁월함을 발휘하게 된다.

경험은 정리될 때 비로소 힘을 갖는다. 흩어져 있을 때는 그저 기억에 불과하지만, 기준으로 묶이는 순간 다시 쓰일 수 있다. 그래서 경험은 갑자기 강해지지 않는다. 제자리를 찾아가는 것이다.

많은 사람들이 경험을 '쌓아두는 것'에는 익숙하지만, '꺼내 쓰는 것'에는 익숙하지 않다. 회사에서는 새로운 일에 밀리고, 변화 앞에서는 뒤로 물러난다. 그러다 보니 경험은 점점 과거에 머무른 것처럼 느껴진다. 하지만 실제로는 쓸 기회가 줄어든 것뿐이다. AI는 이 상황을 바꿔놓는다. 모든 답을 대신해주지는 않지만, 질문을 다시 던지게 만든다. 이 과정에서 AI는 경험을 통찰로 전환하게 만들어 준다.

"이 상황을 당신은 어떻게 보십니까?"

이 질문 앞에서 사람들은 자기 경험을 다시 불러낸다. 그동안 말하지 않았던 판단, 설명하지 않았던 기준이 조심스럽게 등장한다. 그 순간, 경험은 다시 힘을 갖는다. 필자는 이 변화가 특별한 사람에게만 일어나는 일이 아니라는 걸 현장에서 확인해왔다.

40대든,

50대든,

60대든.

이미 충분히 살아온 사람이라면 누구에게나 가능한 변화다. 조건은 하나다. 경험을 다시 사용해보는 것이다. 작은 질문 하나로도 충분하다.

"그때 나는 왜 그렇게 판단했을까."

"다시 돌아가도 같은 선택을 할까."

이 질문을 피하지 않고 붙잡는 순간, 경험은 과거에서 현재로 이동한다. 그리고 그 이동이 귀환의 시작이다.

경험은 사라지지 않는다. 다만 다시 불려야 할 뿐이다.

경험은 사라지지 않는다, 더 강해질 뿐이다

신경숙

AI 시대, 관계를 다뤄온 사람의 귀환

한중 관계를 둘러싼 환경은 오랫동안 단순하지 않았다. 필자는 40여 년간 한국과 중국의 무역과 민간교류를 주도하는 동안 정치·외교적 변수, 경제 상황, 사회적 분위기까지 겹치며 교류의 온도가 수시로 달라짐을 몸소 체험했다. 그 변화의 한복판에서 오래 활동해온 사람들에게 어느 순간 이런 질문을 하게 된다.

"이제 내가 해오던 방식은 더 이상 유효하지 않은 것 아닐까?"

필자도 바로 그 질문 앞에 섰다. 북경대학교 연구교수, 중앙대학교 객원교수, 한중경제문화교육협회 이사장으로 활동하며 학문과 현장, 제도와 사람을 오가며 살아왔다. 직함만 보면 화려해 보일 수 있지만, 필자가 맡아온 역할의 본질은 한 가지였다. 서로 다른 배경과 이해를 가진 사람들 사이에서 관계를 만들고, 갈등을 넘게 하는 일이다.

그런데 관계 중심의 일은 성과로 바로 보이지 않는 경우가 많다. 숫자로 남지 않는 만큼 인정받기 어렵고, 무엇보다 환경 변화에 가장 먼저 흔들린다. 실제로 한중 교류가 급격히 경색되던 시기, 필자가 쌓아온 활동의 기반은 위태로워졌다. 학술 교류는 연기되거나 취소되었고, 교육과 민간 협력도 예전처럼 자연스럽게 이어지기 어려워졌다. 그때 가장 크게 다가온 위기는 '일이 줄어든다'는 문제가 아니었다. 사람과 사람 사이에 어렵게 쌓아온 신뢰의 통로가 끊어질 수 있다는 불안감이었다.

관계를 중심으로 일해온 사람에게 그것은 정체성의 흔들림에 가까웠다. 이 시점에서 많은 시니어는 두 갈래 중 하나를 선택한다. 변화에 밀려 한 발 물러서거나, 자신의 경험을 다시 들여다보고 새로운 방식으로 꺼내는 것이다. 필자는 후자를 선택했다. 그리고 그 선택의 출발점은 의외로 단순했다.

"이 상황에서도 내가 잘할 수 있는 것은 무엇인가?"

관계의 본질은 '정보'가 아니라 '맥락'이다

필자가 내린 결론은 분명했다. 환경은 변했지만, 사람의 마음과 관계의 본질은 크게 달라지지 않았다는 것이다. 관계의 성패는 결국 '무슨 말을 했는가'보다 '어떤 맥락에서, 어떤 감정과 체면을 고려하며 말했는가'에 달려 있었다.

필자는 오랜 경험을 통해 갈등의 상당수가 이해관계 이전에 **체면, 감정, 오해의 누적**에서 비롯된다는 사실을 알고 있었다. 그래서 상대를 설득하기보다 먼저 이해하려 했고, 속도를 내기보다 맥락을 살폈다. 특히 민감한 국면일수록 '정답'보다 중요한 것이 있었다. 상대가 지금 가장 부담스러워하는 지점은 무엇인지, 어떤 표현이 방어를 부르는지, 어떤 단어가 오해를 촉발하는지, 대화의 문을 닫지 않기 위해 무엇을 먼저 놓아야 하는지. 필자에게는 분명한 원칙이 있었다.

"일은 멈춰도 관계는 끊지 않는다."

이 원칙은 위기일수록 더 강하게 작동했다. 관계를 다뤄온 경험은 바로 여기에서 힘이 된다. 정보는 누구나 얻을 수 있지만, **관계의 온도와 타이밍**은 경험이 있어야 읽을 수 있기 때문이다. 하지만 경험만으로는 한계도 분명했다. 변화된 환경은 더 빠른 정보 정리와 더 정교한 준비를 요구했다. 여기서 필자가 선택한 것이 디지털 도구와 AI의 결합이었다.

필자는 검색과 문서 정리, AI 기반 요약과 번역 도구를 활용해 복잡한 한중 이슈를 빠르게 구조화하기 시작했다. 이전에는 많은 시간을 들여야 했던 조사와 정리 과정이 눈에 띄게 단축되었고, 논점은 더 명확해졌다. 준비가 빨라지니 대화의 주도권도 다시 생겼다.

그러나 더 중요한 포인트는 따로 있었다. 필자는 AI를 '판단 주체'로 두지 않았다. AI가 제공한 정보와 문장을 그대로 쓰는 대신, 자신의 경험을 기준으로 맥락을 조정했다. 어떤 표현이 상대에게 부담이 되는지, 어떤 단어가 오해를 부를 수 있는지, 어느 지점에서 설명을 덧붙여야 하는지는 여전히 인간의 경험 영역이었다.

AI는 속도를 높였고, 경험은 방향을 잡았다. 이 조합은 결과적으로 메시지의 정확도를 높이고 불필요한 갈등을 줄이는 데 큰 역할을 했다. 이 변화는 단지 업무 효율의 문제가 아니었다. 필자에게 AI는 '새로운 기술'이라기보다, 자신의 경험을 다시 현재로 불러오는 도구였다. 과거에는 경험이 많을수록 준비에 더 많은 시간이 걸렸다면, 이제는 경험이 많을수록 AI를 더 잘 활용할 수 있었다. 무엇을 묻고, 무엇을 걸러내고, 무엇을 선택해야 하는지 알기 때문이다.

시니어의 경험은 낡은 자산이 아니다. 다만 그 경험을 과거 방식 그대로 쓰려 하면 무거워지고, 기술과 결합하면 가벼워진다. 경험이 방향을 제시하고, AI가 실행력을 보완할 때 시니어는 다시 현장의 중심으로 돌아올 수 있다.

많은 사람들이 "AI 시대에는 젊은 세대가 유리하다"고 말한다. 기술 자체만 놓고 보면 맞는 말일 수도 있다. 하지만 기술은 질문의 질에 따라 전혀 다른 결과를 낸다. 어떤 질문이 본질인지, 어떤 정보가 중요한지, 어떤 선택이 관계를 살리는지는 오랜 경험을 가진 사람만이 판단할 수 있다. 필자의 사례는 이를 분명하게 보여준다.

필자의 귀환은 화려한 복귀나 새로운 직함의 획득이 아니다. 자신이 가장 잘해온 것을 다른 방식으로 다시 작동시킨 결과다. 관계를 다뤄온 경험은 여전히 유효했고, AI는 그 경험이 더 멀리, 더 빠르게 전달되도록 도왔다.

시니어에게 하나의 가능성을 제시하고자 한다.

"내 경험은 끝나지 않았다. 다만 업데이트가 필요했을 뿐이다."

"나는 무엇을 오랫동안 해왔는가?"

"그 경험을 지금의 도구와 연결한다면 어떤 일이 가능할까?"

시니어의 귀환은 거창한 선언이 아니다. 바로 이 질문에서 시작된다.

낯선 내일로,
가볍게 그러나 용감하게

신현숙

불안은 끝이 아니라 시작의 신호이다

필자는 최근 몇 년 동안 은퇴를 앞둔 시니어들의 불안과 공백을 현장에서 반복해서 만났다. 사람마다 환경은 달랐지만, 대화를 시작하면 표정과 말이 놀랄 만큼 비슷했다. 대부분 다음과 같은 비슷한 질문으로 미래에 대한 솔직한 두려움을 드러냈다.

"앞으로 뭘 해야 하죠?"

"회사 일 말고는 할 줄 아는 게 없는데 어떡하죠?"

"시간이 너무 많이 남을 것 같아요."

"이 나이에 무엇부터 배워야 하나요?"

"남아 있는 시간을 생각하면 두려워요."

이 질문은 단순히 '할 일이 없다'는 불평이 아니었다. 그 안에는 훨씬 깊고 복잡한 감정이 들어 있었다. 역할이 사라질지도 모른다는 두려움, 쓸모없는 사람이 되는 건 아닐까 하는 불안감, 관계가 흔들릴 것 같은 예감, 경제적 안정이 무너질지도 모른다는 긴장이 함께 깔려 있었다. 은퇴를 앞두면 모든 것이 정리될 것처럼 보이지만, 실제로는 마음이 더 복잡해지는 경우가 많다. 직함이 사라지는 순간 설명하기 어려운 공백이 찾아오기 때문이다.

필자는 그 공백을 "역할·자신감·존재감이 동시에 흔들리는 순간"이라고 부른다. 사람마다 표현은 다르지만 실체는 같다. 역할이 흔들리면 자신감이 흔들리고, 자신감이 흔들리면 존재감이 흔들리면서 미래의 불안이 찾아 든다.

여기에 하나가 더 얹힌다. 바로 AI와 디지털 전환이다. 변화는 더 빠르고, 기기와 플랫폼은 계속 새로워진다. 현역일 때 변화는 '업무의 일부'였지만, 은퇴 이후에는 변화가 '삶 전체'에 닿는다. "이제 와서 뭘 배워야 하지?"라는 말은 사실 "이대로 뒤처지는 사람이 되는 건 아닐까?"라는 두려움의 다른 표현이다.

변화에 가볍게 다가가지 못하고, 한 발자국만 뒤에서 바라보다 보면 새삼 세상이 낯설어 보이고, 자신이 낯설어지는 기분을 겪기도 한다. 그럴 즈음이면, 지금까지 자신감 있게 잘 살아왔던 내 원래의 모습이 조금씩 선명함을 잃어간다.

이 지점에서 필자는 은퇴 불안을 이렇게 정의한다. 은퇴 후 불안은 개인의 약함이 아니다. 경험이 다음 역할로 연결되지 못해 생기는 '번역의 실패' 이다. 경험이 사라졌기 때문이 아니라, 경험이 '다음 세계에서 통용되는 언어'로 바뀌지 않았기 때문에 길이 보이지 않는 불안 감으로 오역된 것이다.

따라서 불안은 나쁜 신호가 아니다. 불안은 끝이 아니라 오히려 좋은 신호이다. 아직 새로운 것을 만들고 싶고, 또 다른 의미를 만들고 싶고, 내 안에 이를 위한 가능성이 남아 있다는 증거이기 때문이다. 그런데, 이 신호를 따라 움직이지 않고 방치하면, 불안이 대신 자리잡고, 자신감은 줄어 들고 결국 움직임이 멈추게 된다. 반대로 이 신호를 잘 번역하여 연결하면, 이 불안이 어디로 나가야 할지를 알려주는 방향신호로 바뀌게 된다. 핵심은 불안을 없애는 방법이 아니라, 불안을 대하는 방식이다. 불안을 억누르면 잠시 조용해질 수는 있어도 방향은 생기지 않는다.

시니어들과의 만남에서 종종 하는 말이 있다. "미지의 미래가 두렵지 않은 사람은 없다. 은퇴 이후의 삶은 누구에게나 처음 가보는 길이다. 그래서 두려운 것도 자연스럽다."

그리고 중요한 다음 문장을 덧붙인다. "그런데도 그 길은 걸어야 한다." 두려움을 없애는 것이 아니라, 두려움을 인정한 채 한 걸음 내딛는 것이 진짜 시작이다. 불안을 없애려 애쓰는 대신, 불안을 미래를 향한 방향신호로 받아들이는 순간, 불안은 없애야 할 감정이 아닌 새로운 설계 도구가 된다.

불안을 대면 가능한 형태로 바꾸는 순간, 삶은 다시 움직일 준비를 한다.

시니어는 '없어진 삶'이 아니라 '새로운 나'를 발견하는 시간이다

명예퇴직을 앞둔 금융기관 임원과의 대화를 잊지 못한다. 대화는 그의 방에서 진행되었다. 정돈된 큰 책상, 책으로 가득한 책장, 넓은 미팅테이블과 의자들. 그 공간에는 오랫동안 쌓아온 성취가 고스란히 배어 있었다. 그는 잠시 멈추더니 조용히 말했다.

"제가 제일 두려운 건요…. 이 멋진 방에서 나가야 한다는 거예요."

단순한 그 문장 하나로 상황이 선명해졌다. 그 방은 단지 물리적 공간이 아니었다. 그에게는 안전지대였다. 그 안에서는 무엇을 해야 할지 알고, 무엇이 성과인지 알고, 누구를 만나야 하는지가 정해져 있었고, 어떤 언어로 말해야 하는지도 안다. 그리고 그 모든 것이 인정으로 이어졌다. 그 공간에서는 자신감이 자연스럽게 유지되었다.

그러나 그 방을 나가면 기준이 달라진다. 어디로 첫 발걸음을 내디뎌야 하는지 모른다. 아무도 다음 단계를 말해주지도 않는다. 그런 불확실성이 사람을 움츠려들게 만든다. 이전의 자신감은 어디로 사라졌는지 설명하기 어려워진다.

그가 다시 질문을 던졌다.

"회사 일 외에 할 줄 아는 게 없는데 어떡하죠?"

"시간이 너무 많이 남을 것 같은데, 그 시간을 어떻게 보내야 하죠?"

"집에 있는 걸 생각하면 두려워요. 이 나이에 무엇부터 배워야 할까요?"

필자는 그 순간 위로부터 시작하지 않았다. 위로는 마음을 잠시 따뜻하게 할 수 있지만, 방향을 만들어 주지는 못하기 때문이다. 필자가 붙잡는 원칙이 있다. **"위로보다 구조"**, **"불안 해소보다 행동 시작"**, **"경험은 증명 가능한 형태로"**이다.

그래서 질문을 바꾸었다.

"해왔던 일 중 역량이 가장 뛰어났던 부분은 어디였나요?"

"일이 아니라면 개인적으로 정말 해보고 싶었던 것은 무엇인가요?"

"시간이 남는다면 오래전부터 배우고 싶었던 것은 무엇인가요?"

이 질문은 단순한 상담 질문이 아니다. 30년 동안 HR 현장에서 쌓아온 실무 언어이다. HR은 사람을 좋은 마음으로 바라보는 일이기도 하지만, 동시에 사람을 **조직·직무·성과 언어로 해석하는 일**이다. 필자는 사람을 감정으로만 보지 않고, 감정 뒤에 있는 능력과 패턴을 읽어왔다. 그래서 은퇴 시니어의 불안을 감정으로만 두지 않는 것이 중요하다는 것을 알게 되었다. "불안한 마음"을 "다음 역할의 설계 과제"로 바꾸는 순간 사람은 움직일 수 있는 힘을 얻는다.

몇 개의 질문이 지나면 표정이 달라진다. 막막함이 조금씩 분해되기 시작한다. "잘한 것"과 "좋아한 것"과 "배우고 싶은 것"이 분리되고, 그 사이에서 새로운 실마리가 생긴다. 필자는 이것을 "새로운 발견"이라고 부른다. 시니어에게 자신을 되돌아보는 이 시기는 '없어진 삶'이 아니라 오히려 '새로운 나'를 발견하는 시간이다.

물론 어려운 장면도 있다. 시니어 스스로 자신의 경험을 과소평가하는 순간, 혹은 반대로 직함과 명함에 묶이는 순간이다. "별로 한 게 없어요" 또는 "나는 임원인데 뭘 또 해야 하죠"라는 말이 나올 때 사람은 미래를 보지 못하고 과거의 틀에 갇힌다.

그럴 때 필자는 이렇게 말한다. "직함으로 말하지 말고, 역할로 말해봅시다." 직함은 과거의 자리이지만 역할은 현재의 역량이다. 그리고 미래는 직함이 아니라 역할로 열린다.

그 임원과 함께 경험을 한 장으로 구조화했다. 경력, 성과, 강점, 가치, 가능한 역할을 한 장에 펼쳐 놓는 방식이다. 그 다음 반복되는 강점 패턴을 찾고, 가능한 역할을 2~3개로 좁혔다. 마지막으로 30일 실행 계획을 세웠다. 만날 사람, 새롭게 시도할 일, 스스로 증명할 결과를 정했다.

필자는 그에게 이렇게 말했다. "두려움이 없어져서 걷는 것이 아니다. 두려움은 누구에게나 있다. 다만 그 두려움에 용감하게 대면할 때만 한 걸음이 만들어진다." 그는 오래 곱씹다가 조용히 고개를 끄덕였다.

"그럼…. 저는 아직 시작할 수 있는 거네요."

그 한 문장이 '귀환의 시작'이었다.

인생은 결심이 아니라 작은 실천에서 바뀐다

사람들은 인생을 바꾸려면 거창한 결단이 필요하다고 생각한다. 그러나 현장에서 확인한 진실은 다르다. 인생은 결심이 아니라 **실천의 발걸음**에서 바뀐다. 특히 은퇴 이후에는 더 그렇다. 이 시기의 가장 큰 적은 실패가 아니라 멈춤이다. 멈춤이 길어질수록 불안은 커지고, 불안이 커지면 또 다시 멈춘다. 그러니 필요한 것은 큰 목표가 아니라 작고 구체적인 움직임이다.

필자 또한 같은 원리를 경험했다. GPT 같은 AI 도구가 쏟아져 나오기 시작하면서 "활용할 줄 알아야 한다"는 메시지가 강해졌다. 어느 날 강의 설계를 위해 책상에 앉았는데 막막함이 크게 밀려왔다. 머릿속에는 "너무 방대하다"는 생각만 맴돌았다.

AI 도구를 켰지만 손이 쉽게 움직이지 않았다. "무엇을 물어봐야 하지?", "어떻게 물어봐야 하지?", "AI 도움을 받으려면 공부를 먼저 해야 하나?" 시작할 수 없었다. 그때 깨달은 것은 단순했다. 문제는 도구가 아니었다. **첫 질문을 던지기까지의 두려움**이 문제였다.

그래서 아주 단순하게 시작했다.

"지금부터 강의 설계를 해야 한다. 무엇부터 시작해야 하지?"

질문 하나로 흐름이 바뀌었다. 예상보다 많은 답이 돌아왔고, 더 구체적인 질문이 필요하다는 신호도 함께 왔다. 필자는 답을 그대로 믿지 않았다. 대신 대화를 이어가며 수정하고, 더 구체화하고, 현장 경험에 맞게 조정했다. 몇 번 오가자 강의 구조가 잡히고 사례가 붙고 메시지가 선명해졌다. 무엇보다 큰 변화는 이것이었다. 질문을 던지기 전에는 두려움이 컸지만, 던지고 나니 두려워할 이유가 거의 없었다는 점이다. 두려움이 사라진 자리에 결과가 따라왔다.

이 경험은 시니어에게 그대로 적용된다. 많은 사람이 "준비가 되면 시작하겠다"고 말하면서 준비만 오래한다. 그렇지만 실제로는 시작해야 준비가 된다. 두려움은 준비로만 줄지 않는다. 시도하는 순간부터 줄어든다.

필자는 이렇게 제안하고자 한다. 두려울 때는 두려움을 없애려 애쓰지 말고 작게라도 바로 시도하는 것이 좋다. 찾아보고, 시도하고, 수정하면 된다. 아니라면 되돌아 다시 시작하면 된다. 작은 시도는 작게 실패할 수도 있고, 작은 성공을 맛보게 할 수도 있다. 작은 실패는 다른 길을 찾는데 발을 쉽게 움직이게 도와주고, 작은 성공은 또 다른 시도를 할 수 있게 힘을 실어준다. 이 '작게'가 삶을 지키고 동시에 삶을 전진시킨다.

예를 들면 이런 실천부터 시작할 수 있다. 오늘 만날 사람 한 명을 정한다. 오늘 시도해 볼일 한 가지를 문장으로 쓴다. 30일 안에 증명할 결과 한 가지를 아주 작게 정한다. 그리고 AI에게 묻는다.

"이 문장을 더 분명하게 만들어줘."

"이 계획을 30일 일정으로 쪼개줘."

"내 경험과 강점을 살리는 방법을 제안해 줘."

작은 질문 하나가 행동을 만든다. 작은 행동이 작은 결과를 만든다. 작은 결과가 다시 자신감을 만든다. 그 자신감은 다음 발걸음을 가볍게 만든다. 이것이 필자가 말하는 '가볍지만 용감한 발걸음'의 실체이다.

낯선 내일은 여전히 낯설 것이다. 두려움은 완전히 사라지지 않을 것이다. 그러나 분명한 것은 하나이다. 낯선을 마주할수록 용기가 필요하다. 그리고 불안에 용기 있게 대면할 때 두려움은 작아지고 결과가 따라온다.

필자가 강조하고 싶은 것은 이것이다.

"불안은 끝이 아니라 다시 시작하라는 신호이다."

"은퇴는 멈춤이 아니라 새로운 나로 출발하는 순간이다."

"낯선 내일이 두려울수록, 작게라도 한 걸음을 내딛어야 한다."

이 문장들이 누군가의 오늘을 조금 가볍게 하고, 내일을 향한 발걸음을 조금 더 용감하게 만들기를 바란다.

시니어의 귀환은 막연한 두려움을 작은 실천으로 바꾸어 다시 걷게 하는 용기인 것이다.

나를 끝까지 지켜준 것은
타이틀이 아니라 경험이었다

PART 2

직함이 흔들려도,
나는 무너지지 않는다

경험은 지나온 시간이고, 전문성은 그 시간
을 통해 만들어진 시선이며, 가치는 그 시선
을 지탱해온 기준이다.

명함이 사라졌을 때, 무엇이 남았는가

　예전에는 명함을 건네는 순간 대화의 절반은 끝났다. 어디에 속해 있는지, 무슨 일을 하는지 굳이 덧붙이지 않아도 상대는 고개를 끄덕였다. 명함 한 장이면 설명은 충분했다. 하지만 어느 순간부터 그 종이 한 장이 생각보다 많은 것을 대신해주고 있었다는 걸 알게 된다. 명함이 있을 때는 나를 설명할 필요가 없었다. 명함이 사라지는 순간, 설명이 필요해진다.

　필자가 현장에서 만난 많은 사람들도 이 지점에서 비슷한 감정을 느낀다. 명함이 사라졌을 때 가장 먼저 찾아오는 건 무력감이 아니라 막막함이다.

　'이제 나는 무엇으로 불려야 할까.'

　명함은 나를 대신 설명해주었다. 하지만 그 설명은 언제든지 사라질 수 있었다. 조직이 바뀌고, 역할이 달라지고, 환경이 달라지면 그 종이는 아무 말도 하지 못한다. 명함이 사라진 뒤에야 비로소 자기 자신을 직접 마주하게 된다. 어디에서 일했는지가 아니라, 어떤 장면을 지나왔는지. 어떤 상황에서 어떤 선택을 해왔는지. 이 질문은 쉽게 답할 수 없다. 그래서 많은 사람들이 피하고 싶어 한다.

하지만 이 질문을 피하지 않고 들여다보면 조금 다른 풍경이 보인다. 직함은 기억나지 않아도 사람을 어떻게 대했는지는 남아 있고, 성과의 숫자는 흐릿해져도 어떤 판단을 반복해왔는지는 또렷하다. 위기의 순간에 어디서 멈췄는지, 어디서 밀어붙였는지. 그 선택의 흔적들이 조용히 떠오른다. 명함에는 이런 것들이 적히지 않는다. 하지만 시간이 지나면 이것들이 오히려 나를 설명한다.

명함이 사라진 순간은 끝이 아니다. 오히려 다른 설명이 시작되는 지점이다. 누군가는 명함이 사라지자 스스로를 잃었다고 느끼고, 누군가는 그제야 자기 자신을 다시 보게 된다. 그 차이는 능력의 문제가 아니다. 경험의 양도 아니다. 자기 경험을 직함 말고 다른 언어로 불러본 적이 있는지의 차이다.

"명함이 사라졌을 때 무엇이 남았는가."

이 질문에 아직 선뜻 답하지 못해도 괜찮다. 중요한 건 그 질문을 피하지 않았다는 사실이다. 그 질문 앞에 서는 순간, 직함이 흔들려도 사람은 쉽게 무너지지 않는다. 그리고 이 질문은 자연스럽게 다음 이야기로 이어진다.

"그렇다면 나는 나를 어떻게 다시 설명할 수 있을까."

나를 다시 설명하게 만든
세 가지 말: 경험·전문성·가치

명함이 사라진 뒤, 설명이 필요해졌다. 그동안은 굳이 하지 않아도 됐던 설명이다. 어디에 속해 있었는지, 무슨 일을 했는지. 그 말들이 더 이상 나를 충분히 말해주지 못한다는 걸 느끼게 된다. 그래서 사람들은 설명을 망설인다. 어디서부터 말해야 할지 선뜻 정리가 되지 않는다.

필자가 현장에서 만난 많은 사람들도 비슷한 지점에 서 있었다. 해온 일은 분명한데, 그걸 어떻게 묶어야 할지 몰라 말을 아낀다. 이때 도움이 된 것은 화려한 표현이 아니었다. 아주 단순한 세 가지 말이었다.

경험,

전문성,

그리고 가치.

이 세 단어를 놓고 천천히 자기 이야기를 다시 들여다보기 시작했다.

먼저 경험이다. 경험은 얼마나 오래 일했는지를 말해주지 않는다. 몇 개의 프로젝트를 했는지도 중요하지 않다.

경험은 비슷한 상황을 몇 번이나 지나왔는지, 그 과정에서 어떤 선택을 반복해왔는지를 말해준다. 위기 앞에서 어디서 멈췄는지, 사람 사이에서 무엇을 먼저 고려했는지. 그 선택의 방향이 경험으로 남는다. 많은 사람들은 자기 경험을 "그냥 해본 것"이라고 말한다. 하지만 자세히 들여다보면 그 안에는 분명한 판단의 흔적이 있다.

그다음은 전문성이다. 전문성은 자격증이나 직무명으로만 정의되지 않는다. 특히 오랜 시간 일해온 사람일수록 전문성은 한 가지 영역에만 머물지 않는다.

여러 역할을 오가며 문제를 바라보는 눈이 생기고, 사람과 구조를 함께 보게 된다. 그래서 전문성은 "무엇을 할 수 있는가"보다 "이 상황을 어떻게 이해하는가"가 중요하다. 같은 이야기를 들어도 어디에 먼저 시선이 가는지가 다르다. 그 차이가 전문성이다.

마지막은 가치다. 가치는 가장 설명하기 어렵고, 그래서 그동안 잘 말하지 않았던 영역이다. 가치는 무엇을 잘했는지가 아니라, 무엇을 끝까지 지키려 했는지를 드러낸다.

성과가 나와도 넘지 않으려 했던 선, 사람을 대할 때 놓지 않았던 태도, 조직 안에서 스스로 기준으로 삼았던 것들. 이것들은 명함에 적히지 않는다. 하지만 시간이 지나면 가장 오래 남는다. 직함이 있을 때는 굳이 꺼내지 않아도 됐던 것들이 직함이 사라진 뒤에야 나를 설명하는 말이 된다.

경험은 지나온 시간이고, 전문성은 그 시간을 통해 만들어진 시선이며, 가치는 그 시선을 지탱해온 기준이다. 이 세 가지가 연결되는 순간, 설명은 조금 달라진다.

"어디에서 일했습니다." 대신 "저는 이런 상황에서 이런 판단을 해온 사람입니다." 이렇게 말할 수 있게 된다. 그때 사람들은 묘한 안도감을 느낀다.

직함이 없어도 자기를 설명할 수 있다는 사실만으로도 다시 중심을 잡게 된다. 오히려 그동안 가려져 있던 것들이 조금씩 드러난다. 그리고 그 드러남은 자연스럽게 다음 질문으로 이어진다.

"이렇게 정리된 경험과 전문성, 가치는 과연 어디로 이어질 수 있을까."

커리어는 끝난 게 아니라, 다시 이어지고 있었다

많은 사람들이 커리어를 한 줄로 생각한다. 입사해서, 성과를 내고, 승진하고, 어느 시점에서 멈춘다. 그래서 직함이 흔들리는 순간, 커리어도 함께 끝난 것처럼 느낀다. 더 이상 이어질 자리가 없는 것 같고, 이제는 내려와야 할 것 같다는 생각이 앞선다. 하지만 현장에서 조금 더 오래 지켜보면 다른 장면이 보인다.

커리어는 한 줄이 아니었다. 여러 갈래로 뻗어 있었고, 중간중간 멈췄다가 다른 방향으로 다시 이어지고 있었다. 다만, 그동안은 우리가 그걸 직함 하나로만 정리해왔을 뿐이다. 명함이 사라진 뒤 사람들은 묻는다.

"이제 저는 무엇을 할 수 있을까요?"

이 질문 속에는 두 가지 감정이 섞여 있다. 하나는 불안이고, 다른 하나는 가능성이다. 불안은 지금까지 해온 것들이 더 이상 통하지 않을까 하는 걱정에서 나오고, 가능성은 어쩌면 다른 방식이 있을지도 모른다는 희미한 기대에서 나온다.

필자가 만난 많은 사람들은 이 질문 앞에서 잠시 멈췄다가 다시 움직이기 시작했다. 그 움직임은 새로운 직함을 찾는 일이 아니었다. 오히려 자기 경험을 다른 맥락에 놓아보는 시도였다.

"이 경험을 조직 말고 다른 곳에서 써볼 수 있을까요?"

"이 판단 방식이 다른 문제에도 통할 수 있을까요?"

이 질문을 던지는 순간, 커리어는 끝이 아니라 연결의 상태가 된다. 이전의 커리어는 지워지는 게 아니라, 재료가 된다. 다음 장면을 만드는 기반이 된다. 그래서 커리어의 전환은 대부분 아주 조용하게 일어난다. 새 출발을 선언하지도 않고, 대단한 결심을 말하지도 않는다. 다만 하나의 경험을 다른 자리로 옮겨보는 것에서 시작된다.

필자는 이 과정을 거친 사람들의 공통점을 보았다. 그들은 자기 이력을 다시 쓰지 않았다. 대신 자기 경험을 다시 해석했다.

어디에서 일했는지가 아니라, 어떤 문제를 다뤄왔는지. 어떤 상황에서 어떤 판단을 반복해왔는지. 이렇게 정리된 경험은 새로운 역할과 자연스럽게 연결된다. 그래서 커리어는 어느 날 갑자기 다시 시작되는 게 아니다. 이미 지나온 길 위에서 조금 다른 방향으로 이어질 뿐이다. 이 연결을 인식하는 순간, 사람들의 태도는 달라진다. 조급함이 줄어들고, 선택의 폭이 넓어진다.

"다시 처음부터가 아니라, 다음 단계군요."

이 말은 포기가 아니라 재배치를 의미한다. 지금까지의 시간을 버리는 게 아니라, 다시 쓰는 선택이다. 그래서 커리어의 중반과 후반은 결코 비어 있는 시간이 아니다. 오히려 연결이 가장 활발하게 일어나는 시기다. 이제 남은 질문은 하나뿐이다.

"이렇게 다시 이어진 커리어는 어떤 태도로 움직여야 할까."

이 질문은 결국 기술의 문제가 아니라 태도의 문제다. 비교가 아니라 해석의 태도가 중요하다. 남들과 속도를 비교하기 시작하면 조급함이 돌아온다. 하지만 자신의 경험을 해석하기 시작하면 방향이 보인다. 같은 10년이라도 누군가는 시간을 보냈고, 누군가는 패턴을 배웠다. 중요한 것은 연차가 아니라, 그 안에서 무엇을 읽어냈는가다.

증명이 아니라 연결의 태도를 가져야 한다. 이제는 '내가 무엇을 해왔는지' 나열하는 단계가 아니라, '그래서 지금 무엇을 할 수 있는지'를 보여주는 단계다. 과거의 성과를 붙잡는 대신, 그것을 현재의 문제와 연결하는 사람에게 기회는 다시 열린다.

무엇보다 완벽이 아니라 실험의 태도를 가져야 한다. 중반 이후의 커리어는 이미 충분한 데이터를 갖고 있다. 그래서 더 신중해지기 쉽다. 그러나 신중함이 멈춤이 되면 확장은 일어나지 않는다. 작게 시도하고, 빠르게 수정하고, 다시 연결하는 리듬이 필요하다. 다시 이어진 커리어는 '버티는 시간'이 아니라 '재배치하는 시간'이다. 과거를 정리해 현재에 맞게 배열하고, 새로운 맥락에 맞춰 의미를 다시 붙이는 과정이다.

익숙함을 내려놓을 때, 시니어는 다시 성장한다

김성탁

시니어는 왜 익숙한 것에 머무르는가

시니어가 될수록 사람은 자연스럽게 익숙한 것을 더 편하게 느낀다. 이는 의지의 문제가 아니라, 오랜 시간 형성된 생존 전략이다. 익숙한 방식은 실패 확률이 낮고, 이미 검증된 결과를 만들어 왔다. 특히 조직에서 10년, 15년 이상 근무한 시니어에게 익숙함은 곧 신뢰와 성과의 기반이었다. 익숙함은 자신을 보호하는 방패였고, 동시에 결과를 만드는 무기였다.

문제는 익숙함이 변화의 필요성을 인지하는 감각을 둔화시킨다는 점이다. 새로운 업무와 기술이 등장해도, 당장 기존 방식으로 일이 돌아가면 굳이 바꿔야 할 이유가 보이지 않는다. 더군다나 시니어는 이미 "잘해본 경험"을 가진 세대다.

그래서 학습은 성장의 기회라기보다 부담으로 인식되기 쉽다. 선택할 수 있다면 뒤로 미루고 싶은 일이 된다. 이 지점에서 많은 시니어가 스스로에게 이렇게 말한다.

"아직은 괜찮다."

"굳이 내가 나서서 배울 필요는 없다."

하지만 조직의 변화 속도는 이 생각을 기다려주지 않는다. 특히 승진과 함께 부서 이동, 직무 전환, 역할 확장이 시작되는 순간 익숙함은 더 이상 안전한 방패가 아니다. 오히려 가장 큰 장애물이 된다. 익숙함은 나를 지키기도 하지만, 동시에 나를 멈추게 한다. 변화의 순간 익숙함은 능력이 아니라 '속도 저하 요인'으로 바뀐다.

시니어에게 진짜 위기는 역량 부족이 아니다. **익숙함이 '성장 감각'을 잠재우는 순간**이다. 그때부터 시니어는 무너지지 않는다. 다만 느려진다. 느려짐은 곧 자신감의 흔들림으로 이어지고, 자신감은 결국 역할의 축소로 연결된다.

다시 신입이 된 시니어의 혼란

조직에서 15년 이상 근무한 시니어가 승진과 함께 새로운 부서로 이동하는 장면은 이제 낯설지 않다. 조직은 경험 많은 사람에게 새로운 영역을 맡기며 더 넓은 역할을 기대한다. 그러나 당사자가 처음 마주하는 현실은 녹록지 않다.

새로운 부서는 언어부터 다르다. 회의에서 사용하는 용어가 다르고, 일의 흐름이 다르고, 의사결정 방식도 다르다. 이전 부서에서는 경험이 곧 답이었지만, 이곳에서는 그 경험이 즉시 통하지 않는다. 마치 충분한 경험치를 가진 상태로 전혀 다른 게임에 접속한 느낌이다. 같은 조직인데도 전혀 다른 규칙이 적용된다.

이때 많은 시니어가 공통적으로 느끼는 감정이 있다.

"분명 승진했는데, 다시 신입이 된 것 같다."

질문을 하면 스스로 작아지는 느낌이 든다. 모른다고 말하면 그동안 쌓아온 신뢰가 무너질 것 같아 조심스러워진다. 그래서 침묵한다. 그런데 그 침묵이 문제를 더 크게 만든다. 침묵은 학습을 막고, 학습이 멈추면 역할은 점점 흐려진다. 역할이 흐려지면 존재감이 줄고, 존재감이 줄면 성과를 만들기 더 어려워진다.

필자 역시 사업부서에서 지원부서로 이동했을 때 이 혼란을 겪었다. 경험은 있었지만 새로운 업무를 이해하기 위한 언어와 구조가 없었다. 이전의 방식으로는 해결되지 않는 문제들이 계속 나타났다. 그때 깨달았다. 익숙함에 기대는 태도는 더 이상 나를 지켜주지 않는다는 사실이다. 익숙한 방식은 계속 쓰면 편하지만, 새로운 환경에서는 '방식 자체가 무기력'해질 수 있다.

그러나 이 혼란은 실패의 신호가 아니다. **새로운 성장 단계에 진입했다는 증거**이다. 시니어가 다시 신입이 된 것 같은 느낌을 받는 순간은, 능력이 사라진 순간이 아니라 능력이 업데이트를 요구받는 순간이다. 이때 필요한 것은 체면이 아니라 구조이며, 침묵이 아니라 질문이다.

학습을 선택한 순간, 역할이 달라졌다

혼란을 넘기기 위해 필자가 선택한 것은 단순했다. 학습을 외면하지 않기로 한 것이다. 중요한 점은 '젊은 사람처럼 다시 시작하겠다'는 다짐이 아니었다. **시니어다운 방식으로 배우겠다는 선택**이었다. 시니어의 학습은 속도 경쟁이 아니라 구조 경쟁이다. 새로움에 압도되기보다, 큰 그림을 잡아내는 능력이 시니어의 무기이다.

필자는 새로운 업무를 혼자 이해하려 애쓰지 않았다. 대신 도구의 도움을 받았다. ChatGPT를 활용해 현재 맡은 업무를 정리하고, 이전 경험과 연결해 달라고 요청했다. 질문은 단순하지만 핵심을 겨냥했다.

"이 업무의 핵심은 무엇인가?"

"이 업무는 조직 전체에서 어떤 역할을 하는가?"

"내가 가진 경험 중 어떤 부분이 도움이 되는가?"

"이 일을 잘하기 위해 가장 먼저 이해해야 할 구조는 무엇인가?"

AI는 필자를 대신해 판단하지 않았다. 대신 필자가 보지 못한 구조를 보여주었다. 그 구조는 길잡이 역할을 했다. 필자는 그 구조를 기준으로 자신의 경험을 재배치했다. 그 순간부터 새로운 업무는 '낯선 영역'이 아니라 '기존 경험을 다르게 쓰는 장'으로 보이기 시작했다. 익숙함을 버린 것이 아니라, 익숙함의 쓰임을 바꾼 것이다.

이후 필자는 강연과 인터뷰에서 이 경험을 공유한 적이 있다. 특히 시니어 청중의 반응이 인상적이었다.

"배워야 한다는 건 알지만, 어디서부터 시작해야 할지 몰랐다."

"이 방식이라면 나도 해볼 수 있겠다."

그때 확신했다. 시니어가 학습을 거부하는 것이 아니다. **시니어에게 맞는 학습 방식이 제시되지 않았을 뿐**이다. 시니어는 이미 학습을 해온 사람들이다. 다만 학습의 언어가 바뀌었고, 도구가 바뀌었고, 환경이 바뀌었다. 그 변화를 자신의 방식으로 번역할 수 있을 때 시니어는 다시 성장한다.

결국 핵심은 '새로운 것을 다 배워야 한다'가 아니다. **내 경험을 기준으로 새로운 것을 연결하는 방식**을 갖추는 것이다. 그리고 AI는 그 연결을 도와주는 가장 강력한 도구가 된다.

익숙한 방식으로 시작하는 시니어 학습 전략

시니어에게 학습은 낯선 방식일 필요가 없다. 오히려 이미 익숙한 행동에 AI를 붙이는 것이 가장 효과적이다. 시니어는 모르는 것을 억지로 외우기보다, 일을 잘하는 구조를 만들 때 성과가 난다. 다음은 시니어에게 특히 잘 맞는 학습 전략이다.

첫째, **검색하듯 묻기**로 시작하는 방식이다. 새로 배우겠다는 결심보다, 평소처럼 궁금한 것을 묻는 습관이 더 강력하다. 예를 들면 "이 부서의 핵심 업무를 쉽게 설명해 달라", "이 업무가 조직 전체에서 어떤 역할을 하는가" 같은 질문이다. 질문이 시작점이고, 질문이 학습의 엔진이다.

둘째, **내 경험을 넣어 질문하는 방식**이다. 시니어의 강점은 경험이다. 질문할 때 자신의 경험을 함께 넣으면 답의 품질이 달라진다.

"나는 ○○ 분야에서 이런 일을 해왔다. 이 경험이 지금 업무에 어떻게 연결될 수 있는가?"

AI는 맥락을 받아야 더 정확하게 정리한다. 경험이 맥락을 만든다.

셋째, **완벽한 이해보다 구조 파악을 목표로 하는 방식**이다. 시니어는 디테일 경쟁보다 큰 그림 경쟁에서 강하다. AI를 활용해 전체 구조를 먼저 파악하면 학습 부담이 크게 줄어든다. 구조가 잡히면 세부는 따라온다. 구조가 없으면 노력은 흩어진다.

넷째, **학습 결과를 말로 정리하는 방식**이다. 혼자 이해하는 데서 멈추지 않고 동료나 후배에게 설명해 보면 된다. 설명하는 순간 부족한 부분이 드러나고, 그 부족함이 다시 질문을 만든다. 이 과정에서 역할은 '배우는 사람'에서 '정리해 주는 사람'으로 이동한다. 이것이 시니어의 영향력이다.

다섯째, **매일이 아니라 필요할 때 활용하는 방식**이다. 시니어에게 중요한 것은 습관보다 활용이다. 매일 강박적으로 쓰지 않아도 된다. 중요한 순간, 중요한 과업에서 AI를 꺼내 쓰는 것만으로도 학습은 충분히 누적된다. 시니어는 루틴보다 목적이 분명할 때 가장 강해진다.

이 다섯 가지 방식의 공통점은 하나이다. **새로운 것을 억지로 배우지 않는다. 익숙한 방식에 AI를 붙여 새로워진다.** 이것이 시니어다운 학습이다.

시니어의 귀환은 익숙함을 벗어나되 익숙한 방식으로 학습을 선택하는 용기이다. 시니어는 익숙함에 머무르려는 경향이 있지만, 변화 앞에서는 그것이 장애가 된다. 승진과 함께 새로운 업무를 맡는 순간, 학습은 선택이 아니라 생존 전략이 된다.

AI를 활용한 익숙한 학습 방식은 시니어를 다시 선구자로 만든다. 완전히 새로운 사람이 되라는 요구가 아니다. 지금까지 잘해온 방식에, 새로운 도구를 더하는 일이다.

경험을 기반으로 기술을 끌어안는 선택이다. 두려움 대신 호기심을, 회피 대신 실험을 택하는 순간 시니어는 더 이상 뒤처진 존재가 아니라 변화를 해석하는 중심에 선 존재가 된다. 익숙함을 버리는 것이 아니라, 익숙함을 재해석하는 것.

그 재해석이 시작될 때,
시니어는 다시 배움의 선두에 선다.

직함이 사라진 자리,
경험이 나를 다시 불렀다

김진세

역할이 사라진 자리에서 남은 질문

퇴직 전후의 시간은 조용했다. 그러나 그 고요함은 결코 가볍지 않았다. 하루를 빡빡하게 채우던 회의와 결정, 일정이 사라진 자리에 남은 것은 여유로운 '시간'이 아니라, 오히려 피할 수 없는 '질문'이었다.

"나는 이제 무엇을 하는 사람인가."

조직에 속해 있을 때는 굳이 설명하지 않아도 자연스럽게 따라오던 역할이 있었다. 직함은 나를 대신해 나를 설명해주었고, 일정표는 하루의 방향을 정해주었다. 보고서와 회의는 필자가 조직 안에서 어떤 위치에 있으며 무엇을 책임지는지를 명확히 보여주는 장치였다. 업무의 무게가 힘들 때도 있었지만, 방향만큼은 늘 분명했다. 무엇을 해야 하고 어떤 결과를 내야 하는지 알고 있었기 때문이다.

그러나 퇴직과 동시에 그 장치는 멈췄다. 그동안 쌓아온 경험과 성과가 더 이상 자동으로 작동하지 않는 느낌이 들었다. 능력이 사라진 것은 아니었다. 다만 그 능력을 어디에, 어떻게 써야 하는지가 갑자기 보이지 않게 된 상태였다. 이것은 단순한 공허함이라기보다 불확실성에 가까웠다. 영향력과 정체성이 동시에 옅어지는 감각, 그리고 스스로에 대한 설명이 흐릿해지는 경험이었다.

그때 비로소 또렷해진 사실이 있다. 필자는 그동안 '역할 안에서의 나'로 살아왔다는 것이다. 역할이 있을 때는 스스로를 설명하기 위해 애쓸 필요가 없었다. 직함과 조직이 대신 말해주었기 때문이다. 퇴직은 일이 끝났다는 선언이 아니라, 스스로를 다시 정의해야 하는 출발선이었다. 경험은 여기서 멈추는가, 아니면 다른 방식으로 다시 시작되는가. 그 질문 앞에서 더 이상 피할 수 없었다. 바로 이 지점에서 전환은 시작되었다.

경험을 기준으로 다시 세우다

퇴직 이후 필자가 가장 먼저 한 일은 새로운 일을 '찾는 것'이 아니었다. 오히려 과거를 '다시 꺼내 보는 일'이었다. 관광과 레저 산업에서의 글로벌 마케팅과 인사관리 경험, 톱 매니지먼트로서의 의사결정, 그리고 대학에서의 강의와 교육. 이력만 놓고 보면 충분히 풍부했다. 그러나 그 목록만으로는 다음 단계를 설명하기에 부족했다. 화려한 경력은 방향이 아니었다. 필자를 다시 움직이게 할 기준이 필요했다. 그래서 질문을 바꿨다.

"무엇을 했는가가 아니라, 어떤 문제를 반복해서 해결해왔는가."

답은 비교적 분명했다. 사람과 조직이 흔들릴 때 방향과 기준을 세우는 일이었다. 성과가 나지 않을 때 무엇을 먼저 점검해야 하는지, 리더가 혼란에 빠졌을 때 어떤 질문을 던져야 하는지, 조직이 커질수록 무엇을 더해야 하는지가 아니라 무엇을 덜어내야 하는지를 판단하는 일이었다. 이 역할은 특정 직책이 있어야만 가능한 일이 아니었다. 오히려 직함이 사라진 뒤에도 더 명확히 필요해지는 일이었다.

이 깨달음 이후, 강의와 교육 콘텐츠를 전면적으로 다시 설계하기 시작했다. 단순한 경험 공유에서 벗어나, 경험 속에 숨어 있는 '판단의 구조'를 꺼내는 작업이었다. 현장에서의 선택들을 하나씩 복기하며 "왜 그렇게 판단했는가"를 언어로 정리했다. 어떤 상황에서 무엇을 우선순위로 두었는지, 어떤 기준으로 결정을 내렸는지, 결과가 좋았던 판단과 그렇지 않았던 판단의 차이는 어디에서 비롯되었는지. 경험을 추억으로 남기지 않고, 다시 작동 가능한 구조로 바꾸는 과정이었다.

이 과정에서 분명해진 것이 있다. 경험은 과거의 자랑이 아니라 현재의 자산이라는 사실이었다. 동시에 정체성도 선명해졌다. 필자는 지식을 전달하는 사람이 아니었다. 사람과 조직을 바라보는 기준을 세우는 사람이었다. 기준이 생기자 역할은 자연스럽게 따라왔다. 직함이 없어도 경험은 여전히 요청받는다. 현장은 늘 흔들리고, 흔들릴수록 기준은 더 귀해지기 때문이다.

결국 직함이 사라진 자리에서 남는 것은 '경력'이 아니라 '기준'이다. 기준은 사라지지 않는다. 오히려 더 깊어진다. 시니어의 힘은 바로 그 지점에 있다.

AI와 함께 열린 두 번째 속도

경험을 정리하는 과정에서 AI는 중요한 도구가 되었다. AI는 새로운 지식을 배우기 위한 수단이 아니었다. 필자에게 AI는 이미 가진 경험을 구조화하고, 확장하고, 전달하는 데 도움을 주는 도구였다. 무엇보다 생각의 뼈대를 빠르게 세우는 데 강점이 있었다.

필자는 강의 내용을 정리하며 AI에게 이렇게 묻기 시작했다.

"이 내용을 리더십 구조로 재정리해달라."

"이 사례를 성과 관리 관점에서 요약해달라."

"이 사례를 조직 붕괴의 초기 신호 관점에서 재정리해달라."

"이 내용을 시니어 리더에게 설명할 수 있는 질문 구조로 바꿔달라."

AI가 내놓는 결과는 완성본이 아니었다. 그러나 생각의 골격을 빠르게 제시해주었다. 필자는 그 골격을 기준으로 불필요한 부분을 덜어내고, 현장에서만 알 수 있는 맥락과 사례를 보완했다. 무엇을 강조할지, 어디에서 멈출지, 어떤 단어가 사람을 움직이게 하는지, 어떤 문장이 오해를 낳는지. 중요한 판단은 여전히 경험의 몫이었다.

가장 크게 달라진 것은 속도였다. 예전에는 며칠이 걸리던 정리 작업이 훨씬 짧아졌다. 단순히 시간이 줄어든 것이 아니라, 사고의 에너지를 더 중요한 판단과 해석에 쓸 수 있게 되었다. 정리의 노동이 줄어들자, 기준과 메시지에 더 집중할 수 있었다. AI는 경험을 대신하지 않았다. 대신 경험이 더 잘 보이도록 도와주었다.

이 과정에서 분명해진 사실이 있다. 경험은 기술을 만나면 사라지는 것이 아니라 증폭된다는 사실이다. 시니어에게 AI는 경쟁자가 아니다. AI는 경험의 확대 장치다. 경험을 꺼내고, AI로 구조를 만들고, 다시 자신의 기준으로 다듬는다. 이 단순한 반복이 필자에게 두 번째 속도를 만들어주었다.

AI 시대는 지식의 시대가 아니라 구조의 시대다. 무엇을 아느냐 보다, 어떻게 정리하고 전달하느냐가 더 중요해졌다. 그리고 그 구조를 만드는 힘은 오히려 경험 많은 사람이 더 강하다. 무엇이 핵심인지 아는 사람은 구조를 빠르게 세운다. AI는 그 구조를 더 빠르게 조립하게 해줄 뿐이다.

전환기에 있는 이들에게

퇴직 이후의 삶은 끝이 아니라 전환이다. 그러나 전환은 자동으로 이루어지지 않는다. 역할이 사라진 자리에 무엇을 세울 것인지는 스스로 결정해야 한다. 이때 많은 사람은 "새로운 일을 찾아야 한다"고 말한다. 그러나 필자가 말하고 싶은 방향은 조금 다르다. 완전히 새로운 무언가를 찾기보다, 이미 가진 경험을 다시 쓰는 용기가 먼저다.

경험은 사라지지 않는다. 다만 기준과 언어를 만나지 못했을 뿐이다. 기준으로 정리된 경험은 나이와 무관하게 다시 작동한다. 특히 변화가 클수록 기준의 가치는 더 커진다. 그리고 AI와 같은 도구를 더하면 그 경험은 훨씬 빠르게 전달되고 확장된다. 시니어는 느린 사람이 아니다. 제대로 연결되면 가장 빠르게 성장하는 사람이다.

지금 전환의 한가운데에 있는 독자에게 말하고 싶다. 경험을 살려 도전을 지속하라. 도전은 새로운 직함을 얻는 일이 아니다. 자신의 경험을 다시 정의하고, 다른 방식으로 쓰는 선택에서 시작된다. 직함이 사라져도 경험은 남는다. 경험이 남아 있다면, 다시 시작할 수 있다.

시니어의 귀환은 복귀가 아니다. 재정의다. 역할이 끝난 뒤, 기준이 시작되는 순간이다. 시니어의 귀환은 필자에게 새로운 도전이자, 두 번째 성장이다.

퇴직은 역할의 끝이 아니라 경험을 재정의하는 시작이다. 기준으로 정리된 경험은 직함 없이도 다시 작동한다. 그리고 AI는 그 경험을 빠르게 구조화해 두 번째 성장을 가능하게 한다.

AI는 내 가능성을 대신하지 않고,
정확히 드러낸다

PART 3

내 경험은 아직
결과를 만들 수 있다

차이는 실행력에 있지 않았다. 해석력에 있었다. 경험을 겪은 뒤 '왜 그랬을까'를 한 번 더 묻는 사람과, 묻지 않고 다음 일로 넘어가는 사람의 차이다.

경험은 이렇게
성과가 된다

경험이 많다는 말은 성과를 보장하지 않는다. 오히려 경험이 많을수록 성과와의 거리는 멀어지는 것처럼 느껴질 때도 있다.

"해본 건 많은데 결과로 설명하긴 어렵습니다."

필자가 현장에서 자주 듣는 말이다. 이 말 속에는 능력의 부족이 아니라 경험을 결과로 연결하는 방식의 부재가 숨어 있다. 경험은 저절로 성과가 되지 않는다. 하지만 성과는 경험에서만 나온다. 문제는 그 사이에 무엇이 빠져 있느냐는 것이다. 많은 사람들은 경험 다음에 곧바로 실행을 떠올린다. 그래서 더 열심히 하려고 한다. 더 많이 움직이고, 더 빨리 따라잡으려 한다. 하지만 그 과정에서 하나의 단계가 자주 생략된다.

바로

통찰이다.

통찰은 경험을 요약하는 능력이 아니다. 경험 속에서 무엇이 반복되었는지를 가려내는 힘이다. 어떤 상황에서 문제가 커졌는지, 어떤 조건이 갖춰졌을 때 일이 풀렸는지. 그 패턴을 자기 언어로 붙잡는 일이다.

필자는 AI 활용 교육과 코칭 현장에서 이 차이를 분명하게 보았다. 같은 경험을 가진 사람도 어떤 이는 결과를 만들고, 어떤 이는 그저 '해봤다'로 끝난다. 차이는 실행력에 있지 않았다. 해석력에 있었다. 경험을 겪은 뒤 "왜 그랬을까"를 한 번 더 묻는 사람과, 묻지 않고 다음 일로 넘어가는 사람의 차이이다. 성과는 그 질문에서 시작된다.

경험 → 통찰 → 구조 → 실행

이 흐름이 만들어질 때 경험은 결과가 된다.

통찰이 생기면 구조가 보인다. 무엇을 먼저 해야 하는지, 무엇을 반복해야 하는지, 무엇은 굳이 하지 않아도 되는지. 그다음에야 실행이 의미를 갖는다. 바쁘게 움직이는 실행이 아니라, 방향이 있는 실행이 된다. AI는 이 과정에서 흥미로운 역할을 한다. 경험을 대신 성과로 만들어주지는 않지만, 통찰이 있는지 없는지는 숨기지 못하게 만든다. AI에게 질문을 던지다 보면 곧 이런 순간이 온다.

"이 질문은 예전에 내가 여러 번 마주쳤던 문제네."

이때 사람들은 자기 경험을 다시 꺼내기 시작한다. 그 경험은 더 이상 과거가 아니다. 현재의 판단 기준으로 재배치된다. 성과는 새로운 능력에서 나오지 않는다. 이미 해본 것 중에서 다시 쓸 수 있는 것을 정확히 골라낼 때 만들어진다.

그래서 경험이 많을수록 성과를 낼 가능성은 줄어드는 게 아니라 오히려 커진다. 다만 정리되지 않은 경험은 그 가능성을 가려버릴 뿐이다. 필자가 만난 많은 시니어들은 자신이 성과를 낼 수 없다고 생각하지 않았다. 다만 어디서부터 시작해야 할지 몰랐을 뿐이다. 그 시작점은 대개 아주 작다.

"이 경험에서 제가 반복해온 판단은 무엇이었을까요."

이 질문 하나로 경험은 결과를 향해 다시 움직이기 시작한다. 경험은 그 자체로는 이야기다. 하지만 통찰을 만나면 성과의 재료가 된다.

"그렇다면 이 경험의 핵심을 나는 한 문장으로 말할 수 있을까."

내 전문성을
한 문장으로 말할 수 있을까

어느 순간부터 자신을 길게 설명하게 된다. 말을 멈추고 나면 이렇게 생각한다.

'이걸 한 문장으로 말할 수는 없을까.'

하지만 막상 시도해보면 쉽지 않다. 무엇을 빼야 할지부터 결정하기 어렵다. 전문성이 많아서가 아니라, 전문성이 너무 넓어졌기 때문이다. 오래 일해온 사람일수록 한 가지 일만 해오지 않았다. 역할이 바뀌었고, 환경이 달라졌고, 문제의 성격도 달라졌다. 그래서 자기소개를 하면 경력이 먼저 나온다. 어디에서 무엇을 했는지, 어떤 프로젝트를 거쳤는지. 사실은 많지만 핵심은 흐려진다.

필자가 현장에서 만난 많은 사람들도 이 지점에서 비슷한 고민을 털어놓는다.

"정리하려고 하면 뭘 버려야 할지 모르겠습니다."

그 말은 중요한 걸 못 골라서가 아니다. 중요한 게 너무 많기 때문이다. 하지만 전문성을 한 문장으로 말해본다는 건 모든 걸 담겠다는 뜻이 아니다. 가장 자주 쓰였던 판단을 하나로 묶어보는 일이다. 어떤 문제 앞에서 항상 먼저 보던 것, 어떤 상황에서 늘 같은 기준으로 결정을 내려왔는지. 그 반복이 전문성의 중심이다. 그래서 한 문장은 경험을 줄이는 일이 아니라, 경험의 방향을 드러내는 일이다.

"저는 이런 상황에서 이런 판단을 해온 사람입니다."

이 문장이 만들어지는 순간, 설명은 가벼워진다. 하지만 내용은 오히려 단단해진다. AI를 활용한 대화에서도 이 차이는 분명하게 드러난다. 질문이 달라지고, 답을 해석하는 방식이 달라진다. 전문성을 한 문장으로 정리한 사람은 AI를 파트너로 쓰고, 정리하지 못한 사람은 AI에 끌려다닌다. 왜냐하면 질문에는 늘 관점이 담기기 때문이다.

한 문장은 정답을 말하기 위한 문장이 아니다. 판단의 출발점을 확인하는 문장이다. 그리고 그 문장을 만들어본 사람은 다음 단계로 나아갈 준비가 된다. 질문을 디자인할 수 있는 역량을 갖추게 되는 것이다.

AI는 실력을 늘리지 않는다, 드러낼 뿐이다

AI를 처음 접했을 때 많은 사람들이 기대한다. 이걸 쓰면 뭔가 더 잘하게 될 것 같다고, 실력이 한 단계 올라갈 것 같다고 말이다. 하지만 조금만 써보면 다른 감정이 먼저 올라온다. 생각보다 쉽지 않다는 느낌, 원하는 답이 바로 나오지 않는다는 작은 실망감이다. 그리고 곧 이런 말이 나온다.

"이게 생각보다 잘 안 나오네요."

이 말은 AI가 부족하다는 뜻이 아니다. 대부분의 경우, 질문이 아직 정리되지 않았다는 뜻이다. AI는 실력을 만들어주지 않는다. 대신 지금 가지고 있는 실력을 그대로 비춘다. 질문이 모호하면 답도 모호해지고, 관점이 흐리면 결과도 흐려진다. 그 과정이 너무 빠르게 드러나서 사람들은 당황한다.

필자가 현장에서 본 장면도 비슷하다. 같은 도구를 두고 어떤 사람은 금세 방향을 잡고, 어떤 사람은 계속 헤맨다. 차이는 기술 숙련도가 아니었다. 사고의 정렬 여부였다. 자기 경험을 한 번이라도 정리해

본 사람은 AI 앞에서 다른 태도를 보인다. 정답을 요구하지 않고, 상황을 설명하려 한다.

"이런 맥락에서 이런 선택을 해야 합니다."

이 말이 나오는 순간, AI는 전혀 다른 도구가 된다. 정보를 뿌리는 기계가 아니라, 사고를 확장하는 파트너가 된다. 반대로, 자기 기준이 정리되지 않은 상태에서는 AI가 오히려 불안을 키운다. 선택지가 너무 많아지고, 무엇을 믿어야 할지 알기 어려워진다. 그래서 AI 앞에서 실력이 부족하다고 느껴질 때, 그건 좌절의 신호가 아니다. 정리의 필요성을 알려주는 신호이다.

AI는 당신이 무엇을 알고 있는지, 무엇을 기준으로 판단해 왔는지를 숨기지 않는다. 그 점에서 AI는 거울과도 같다. 새로운 능력을 더해주기보다, 이미 가진 능력을 선명하게 보여준다. 그래서 경험이 많은 사람일수록 AI 앞에서 처음엔 더 낯설 수 있다. 그동안 감각적으로 처리해왔던 판단을 말과 문장으로 꺼내야 하기 때문이다. 하지만 이 과정을 한 번 넘어서면, AI는 더 이상 위협이 아니다. 자기 생각을 빠르게 시험해볼 수 있는 도구이자 파트너가 된다.

AI는 순간적으로 실력을 늘리지 않는다. 하지만 실력이 어디에 있는지는 명확하게 드러낸다.

준비된 경험이
기회를 만든다

김영현

퇴직 후 사회참여는 네 가지로 나뉜다

퇴직은 누구에게나 온다. 임원에게는 임기가 있고, 직원에게는 정년이 있다. 예외가 없는 것은 아니지만, 대부분의 사람에게 퇴직은 개인 의지와 무관하게 연령과 제도, 조직의 흐름 속에서 찾아오는 사건이다. 퇴직이 현직의 자리에서 물러나는 것이라면, 그 이후의 삶은 선택의 문제이다. 재취업을 할 수도 있고, 사회참여의 방식으로 역할을 확장할 수도 있으며, 휴식과 은퇴의 시간을 택할 수도 있다. 중요한 질문은 이것이다. 퇴직 이후 어떤 선택지를 갖고 싶은가. 그리고 그 선택지를 현실로 만들 준비가 되어 있는가.

퇴직 이후 사회참여에 대한 중년 직장인의 인식을 분류한 연구들을 보면, 사람들은 대체로 네 가지 방향으로 기울어진다. 이 네 가지는

서로 배타적이지 않으며, 삶의 단계와 건강, 재정, 성향에 따라 복합적으로 나타난다. 다음은 임연제 박사와 김유천 교수가 퇴직 후 사회참여에 관한 인식유형 특성을 Q방법론을 활용하여 퇴직 이후 사회참여에 관한 주관성을 살펴 본 내용이다.

첫째는 **사회 환원 추구형**이다. 자신이 가진 재능과 경험을 사회에 돌려주는 데 의미를 둔다. 이 유형의 중심은 '관계'이다. 사회참여를 통해 자신이 받은 것을 사회에 돌려 줄 수 있고, 내가 잘할 수 있는 일을 통해 타인을 돕고, 받은 것을 돌려주며, 의미 있는 시간을 보내려 한다.

둘째는 **풍요로운 삶 추구형**이다. 마음의 여유와 삶의 균형을 중시한다. 이 유형의 중심은 '활동'이다. 놀기만 할 때 오는 무료함과 허망함을 줄이고, 일과 휴식의 조화를 만들며, 아직 젊다는 감각으로 사회와 연결되기를 원한다.

셋째는 **경제적 안전 추구형**이다. 재정 안정과 노후 보장이 핵심이다. 이 유형의 중심은 '경제'이다. 사회참여를 통해 마음의 여유를 확보하고, 개인의 삶을 가치 있게 만들며, 안정된 기반 위에서 다음 삶을 꾸리려 한다.

넷째는 **삶의 가치 추구형**이다. 자아실현과 성취의 감각을 목표로 한다. 이 유형의 중심은 '가치'이다. 하고 싶은 일을 통해 완성의 기쁨을 얻고, 삶을 돌아보며 미래를 계획하고, 인생 이모작을 주체적으로 설계하려 한다.

독자는 어디에 가까운가. 혹은 지금의 삶에서 가장 결핍된 요소는 무엇인가. 퇴직 이후 사회참여의 방향은 결국 '나의 중심 축'이 무엇인지에 따라 달라진다.

준비된 경험이 기회를 만든다

필자는 35년의 직장생활을 했다. 임원 시절 두 차례 일대일 경영자 코칭을 받은 경험이 인연이 되어, 퇴임 후 코칭 공부를 시작했고, 한국코치협회와 국제코칭연맹의 코치 자격을 취득했다. 지금은 기업에서의 업무 경험과 대학 강의 경험을 바탕으로 경영자 전문코치로 활동하고 있다. 이 과정에서 확신하게 된 메시지가 있다. **준비된 경험이 기회를 만든다**는 사실이다.

이를 보여주는 몇 가지 코칭 사례가 있다.

첫 번째는 정년퇴임을 2년 앞둔 대학 교수 A의 사례이다. 그는 부총장까지 역임한 인물이었으나, 정년 이후에도 명예교수로 수업을 이어갈 수 있음에도 "다른 삶을 살고 싶다"고 말했다. 필자는 그에게 '직업'이 아니라 '기준'을 묻는 질문을 던졌다.

- 정년퇴임 후 원하는 삶을 설계하는 기준은 무엇인가
- 인생에서 가장 중요하고 의미 있는 것은 무엇인가
- 무엇을 할 때 가장 행복한가
- 인생을 한 번 더 산다면 무엇을 하고 싶은가

이 질문을 통해 A는 "가장 나다운 삶의 모습은 무엇인가"라는 화두를 얻었다. 그리고 80세까지의 사회활동을 3단계로 나누어 설계했다. 66~70세, 71~75세, 76~80세로 구간을 나누고, 해외 대학에서 한 학기 강의와 여행을 결합하는 계획을 세웠다. 더불어 젊은 세대와의 소통을 위해 코칭을 공부했고, 한국코치협회 코치 자격도 취득했다. 여기서 중요한 것은 '퇴직 이후의 목표'가 아니라, 목표를 가능하게 만든 '구조'이다. 삶을 구간으로 나누고, 역할을 설계하며, 학습으로 기반을 마련했기 때문이다.

두 번째는 현직 임원 B의 사례이다. 첫 세션에서 필자는 그에게 조직생활의 본질을 묻고, 미래의 선택지를 확인하는 질문을 던졌다.

- 조직생활에서 진정으로 원하는 것은 무엇인가
- 어떤 리더로 기억되고 싶은가
- 권한과 시간이 충분하다면 꼭 해보고 싶은 것은 무엇인가
- 개인적으로, 업무적으로 도전받는 것은 무엇인가

B가 선택한 주제는 '남은 재직 기간 동안의 CDP 수립과 퇴직 이후 삶의 정립'이었다. 그는 약 6년의 재직 기간이 남아 있었다. 필자는 그 기간을 "퇴직을 기다리는 시간"이 아니라 "퇴직 이후를 준비하는 가장 강력한 시간"으로 재정의했다. B는 조직과 업무 체계를 확립하고, 업무 전문성을 높이기 위한 독서를 시작했으며, 퇴직 이후를 대비한 자격 학습도 병행하고 있다. 준비는 불안의 반대말이 아니다. 준비는

선택지를 늘리는 기술이다.

　세 번째는 구조조정으로 불가피하게 퇴임한 C의 사례이다. 그는 전직지원프로그램을 받던 중 코칭을 요청했다. 표면 주제는 '다른 기업 임원으로의 전직'이었으나, 필자는 그의 마음 깊은 곳을 묻는 질문을 던졌다.

- 진짜로 해보고 싶은 일은 무엇인가
- 가슴 설레게 하는 일은 무엇인가
- 인생 이모작을 통해 진정으로 얻고 싶은 것은 무엇인가
- 평소 자기개발을 위해 어떤 노력을 해왔는가

　잠시 침묵하던 C는 이렇게 말했다. "전문경영인 CEO 역할을 한번 해보고 싶다." 목표가 정해지자 행동이 달라졌다. 그는 경영지도사 공부를 시작했고, 국내외 CEO들의 책을 읽기 시작했다. 그는 "거인의 어깨에 올라타 보고 싶다"고 했고, 필자는 되물었다. "당신이 거인의 어깨가 되어 후배들에게 기여할 수 있는 것은 무엇인가." 그 질문 이후 그는 자신의 경험과 노하우를 정리해 책을 쓰겠다고 결심했다. 목표가 바뀌면 삶의 에너지가 바뀐다. 이것이 전환의 작동 원리이다.

행복은 '현역성'에서 나온다

한국인의 기대수명은 계속 늘고 있다. 이제 퇴직은 '인생의 끝'이 아

니라 '삶의 재배치'가 된다. 필자는 영화 〈인턴〉이 주는 메시지를 오래 기억한다. 70세의 주인공은 스타트업 회사의 인턴이 되어 새로운 기술을 배우고, 새로운 관계를 만들며, 동시에 자신의 삶의 지혜로 조직에 신뢰를 만든다. 그가 특별한 이유는 한 가지이다. **말이 아니라 행동으로 보여주는 신뢰** 때문이다. 조언을 강요하지 않고, 경청하며, 기다릴 줄 아는 태도는 나이가 들수록 더 큰 영향력이 된다.

필자에게 인상 깊은 실제 모델도 있다. 필자가 존경하는 한 코칭 리더는 은퇴 이후에도 오랜 기간 비영리사단법인 조직을 헌신적으로 이끌었고, 지금도 CEO 코칭을 지속한다. 그는 '내 안에 잠자는 거인을 깨워라' 그리고 '내가 삶의 주인이 되어야 행복해진다'며 코칭 전도사의 역할을 하고 있다. 그는 매일 새벽에 일어나 칼럼과 사설을 읽고, 그중 하나를 코칭 고객인 CEO들에게 보내는 루틴을 이어간다. 그"영원한 현역"이라는 말이 단지 의지가 아니라 구조와 습관으로 증명되는 장면이다. 결국 현역성은 직장이 아니라 **루틴과 태도**에서 나온다.

필자가 코칭을 하며 더 확신하게 된 문장이 있다. **모든 사람에게는 무한한 잠재력과 가능성이 있다**는 코칭 철학이다. 다만 그 가능성은 저절로 열리지 않는다. 경험이 준비로 번역될 때 열린다. 그리고 준비는 거창한 선언이 아니라, 지금 할 수 있는 작은 학습과 작은 실천으로 시작된다. 우리 속담에 '하늘은 스스로 돕는 자를 돕는다' 그리고 '뜻이 있는 곳에 길이 있다'는 격언을 자신의 것으로 만들어가면 어떨까? 필자가 예시로 든 코치자격증은 수많은 선택지 중 하나이며, 자신의 전문성과 열정으로 새로운 자격증을 취득하고 평생 직업시대를 펼치길 바란다.

　퇴직 이후의 삶은 운명이 아니라 설계이다. 그 설계는 "나는 어떤 유형인가"를 아는 데서 시작하고, "나는 어떤 기준으로 살 것인가"를 정하는 데서 깊어진다. 그리고 "지금부터 무엇을 준비할 것인가"에서 현실이 된다. 필자가 독자에게 남기고 싶은 질문은 다음과 같다.

- 나는 왜 존재하는가.
- 나는 퇴직 이후 어떤 사회참여 유형에 더 가까운가.
- 관계인가, 활동인가, 경제인가, 가치인가.
- 나의 행복 기준은 무엇이며, 공동체의 행복을 위해 무엇을 할 것인가.
- 평생직업을 위해 지금 어떤 학습을 하고 있는가.
- 내 인생에 어떤 유산을 남기고 싶은가.
- 나에게 자신감을 주는 요소는 무엇인가.

　시니어의 귀환은 필자에게, 경험을 삶의 기준으로 다시 세우고 준비로 증명하는 두 번째 현역의 시작이다.

전문가를
'만드는' 사람이 되었다

마은경

GPT 앞에서 흔들린 리더

2022년 겨울, 필자는 교육과정 개발 프로젝트와 현안 공유를 위한 강사진 워크숍을 진행했다. 그날 회의실 분위기는 평소와 달랐다. 강사들 사이에서 GPT 이야기가 오갔다. "써보셨어요?", "결과물 보셨어요?", "이게 우리 일에 어떤 영향을 줄까요?" 기대와 불안이 뒤섞인 질문이 이어졌고, 결국 그 자리에서 직접 해보기로 했다. 과정개발에 실제로 쓰는 질문을 그대로 GPT에 넣어 본 것이다.

결과는 예상보다 강렬했다. 놀라웠던 것은 속도가 아니라 결과물의 '정리된 형태'였다. 현장에서 오랜 시간 다듬어온 전문 내용을 GPT가 그럴듯한 구조로 빠르게 정리해 내놓았다. 누군가가 낮게 말했다. "앞으로 교육이 필요 없어지는 거 아닙니까?" 그 말이 회의실에 잠깐

남았다. 화면을 바라보는 시선들이 멈췄고, 필자의 마음 한편도 서늘해졌다.

필자가 이끌던 조직은 전문가 집단이 모여 있는 연구소였다. 구성원들은 공부와 경험으로 쌓아온 전문성으로 강의와 컨설팅을 제공해왔다. 그런데 그 전문성이 정리라는 형식으로 눈앞에서 빠르게 복제되는 장면을 보자 머릿속이 복잡해졌다. "전문가가 필요 없는 시대가 오는 걸까?"라는 질문이 먼저 떠올랐다. 곧 더 현실적인 생각이 밀려왔다. 우리의 역할은 어떻게 바뀔까. 우리가 쌓아온 시간과 경험은 어떤 방식으로 의미를 증명해야 할까.

두려움이 없었다면 거짓말이다. 그러나 그 감정에만 머물 수는 없었다. 필자는 그 순간이 단순한 유행이 아니라 기준이 바뀌는 신호일 수 있다고 느꼈다. 불편했지만 그 불편함은 변화의 신호였다. 결국 질문은 하나로 수렴했다. **"그럼, 나는 무엇으로 증명해야 하는가."**

경험을 시스템으로 만들다

필자는 교육으로 조직의 문제를 해결하고 변화를 실행해 온 사람이다. 그래서 무엇이 바뀌는지부터 확인하기로 했다. 코로나 시기에 모델링해 두었던 DX디지털 전환 역량 목록을 다시 꺼내 점검했다. 항목을 하나씩 보며 분명해진 것이 있었다. 준비해야 할 것은 기술을 아느냐의 문제가 아니라, **일하는 방식 전체를 다시 짜는 문제**라는 점이다.

그래서 일단 써보기 시작했다. 가장 먼저 한 일은 단순했다. GPT를 매일 써보는 일이다. 관련 영상을 찾아보고, 책을 읽고, 먼저 시작한 사람들의 강의를 들었다. 특히 도움이 된 것은 AI 강사 교육과정이었다. 거기서 얻은 것은 기술 요령이 아니라, 앞으로 필요한 역량과 현장에서 AI 활용이 어떤 방식으로 굴러갈지에 대한 감각이었다. 막연한 두려움이 구체적인 언어로 바뀌기 시작했다.

진짜 변화는 실전에서 왔다. 필자는 공공사업을 담당하는 부서로 이동했고 제안요청서RFP가 끊임없이 쏟아졌다. 매번 두꺼운 문서를 처음부터 끝까지 읽고, 팀 회의를 열어 "이거 할까, 말까"를 결정했다. 시간이 계속 소모됐다. 그러다 문득 깨달았다. 문제는 읽는 속도가 아니었다. **판단하는 구조가 없다는 것**이었다.

필자에게는 참여 가능 여부를 빠르게 걸러내고, 과거 유사 RFP와 비교해 전략을 뽑아내는 판단 기준이 있었다. 다만 그 기준은 머릿속에만 있었고, 매번 처음부터 다시 생각해야 했다. 반복될수록 시간과 에너지가 녹아내렸다. 그래서 필자는 GPT를 활용해 **경험을 재사용 가능한 형태로 바꾸기 시작했다.**

RFP를 입력하면, 참여 가능성을 먼저 체크하게 하고, 과거 유사 RFP와 비교 분석한 뒤, 필수 대응 포인트와 차별화 전략까지 뽑아내는 흐름으로 정리했다. 이것은 AI가 일을 대신하는 것이 아니었다. 필자가 20년간 해오던 방식의 핵심을 명료하게 정리한 것이었다. 머릿속에만 있던 판단 기준을 누구나, 그리고 필자 자신도 언제든 다시 쓸 수 있는 형태로 만든 것이다. 그 순간부터 경험은 단지 쌓이는 것이 아니라 **시스템**으로 바뀌었다.

교차검증이 기준을 지킨다

필자는 AI 도구 하나에 기대지 않는다. ChatGPT로 생성형 AI 활용을 시작했고, 최근에는 Gemini도 함께 쓴다. 제안서 초안에는 Genspark를, 이미지에는 Canva를, 논문과 연구보고서 정리에는 NotebookLM을, 영상 제작에는 Google FLOW를 활용한다.

도구는 맥락에 따라 바뀐다. 그러나 필자에게 더 중요한 것은 이름이나 성능 경쟁이 아니다. **결과물을 검증하고 결정하는 기준**이 있어야 한다는 점이다. 도구는 바뀌어도 기준은 흔들리면 안 된다.

그래서 필자는 AI 활용을 생산에서 끝내지 않고, **초안-검증-변환**의 흐름으로 고정한다. 초안 단계에서는 답을 받기 위한 질문이 아니라, 전략이 나오도록 질문의 구조를 설계한다. RFP 비교 분석에서 역할을 분명히 세운다. "너는 20년차 교육 컨설턴트이며, 분야 전문가이다" 그리고 과제를 한 줄로 못 박는다. "유사 RFPA와 신규 RFPB를 비교해, 차이점이 곧 전략이 되도록 정리하라."

이후 결과가 흩어지지 않도록 분석 항목을 고정한다. 목적·대상·범위·산출물·평가기준과 함께 일정·예산·제약조건을 표로 정리하게 하고, 달라진 점을 요약하게 한다. 리스크 3개와 대응 전략 3개를 1:1로 매핑하게 하고, 평가항목과 연결된 차별화 아이디어를 뽑게 한다. 마지막으로 제안서 목차 초안까지 나오게 한다. 이렇게 하면 팀은 읽기가 아니라 **결정**을 위한 재료를 먼저 갖게 된다.

그리고 검증 단계에서 교차검증을 한다. ChatGPT로 정리한 내용을 Gemini에 동일하게 입력해 결과를 비교한다. 통계 수치나 연도

별 실적처럼 숫자가 들어가는 부분은 원본 연구보고서나 공공 데이터로 대조한다.

AI가 만들어낸 숫자를 그대로 믿지 않는다. 같은 사실을 다르게 해석하거나 맥락을 놓치거나 근거가 부족한 결론으로 점프하는 경우가 있기 때문이다. 최종 판단은 결국 필자의 몫이다. 복잡한 질문일수록 AI 답변을 그대로 가져다 쓰지 않고, 경험을 기준으로 다시 검토해 활용한다.

처음 GPTs를 만들 때는 혼란스럽기도 했다. 그러나 쓰면서 계속 고쳐 나갔고, 그 과정 자체가 완성된 도구를 얻는 일이 아니라 내 업무 방식을 다듬는 일에 가까웠다. 무엇보다 유용했던 것은 AI가 필자에게 **다시 질문하게** 만들었다는 점이다.

개인맞춤 설정에 "팔로우업 질문을 Q1, Q2, Q3 형태로 질문하라"를 넣어두자 모든 대화 끝에 추가 질문이 따라왔다. 그 질문들은 리스크를 점검하게 하고, 관점을 정렬하게 하고, 미처 생각하지 못한 변수를 떠올리게 했다. AI는 일을 대신해준 것이 아니라 필자가 더 깊이 생각하고 더 나은 선택을 하도록 밀어붙였다. 그 과정에서 판단은 단단해졌고 내가 결정할 수 있다는 감각이 자존감을 다시 세웠다.

원소스 멀티유즈가 현실이 되다

성과는 분명했다. 원소스 멀티유즈가 구호가 아니라 현실이 되었다. 보고서를 이미지나 영상으로 변환하는 시간이 체감상 절반 이상 줄었다. 우선순위 때문에 하나만 선택해야 했던 작업을 여러 개 동시에 시도할 수 있게 됐다. 하고 싶은데 못 하던 일이 해볼 만한 일로 바뀌었다.

필자에게도 일일 루틴이 생겼다. 관심 키워드를 뉴스로 자동 요약하고, 다양한 GPTs를 테스트하며, 반복 질문은 GPTs로 저장해 재사용한다. 작은 자동화와 재사용이 쌓이면서 시간을 벌어주고 품질이 올라갔다. 업무시간은 단축되었고 전문성은 더 선명해졌다. 무엇보다 중요한 것은, AI를 쓴 만큼 일이 얕아진 것이 아니라 오히려 더 또렷해졌다는 사실이다.

시니어 전문가에게 전하는 메시지

워크숍에서 떠올랐던 질문이 있다. "전문가가 필요 없는 시대가 오는 걸까?" 1년이 지난 지금, 필자의 답은 명확하다. AI는 전문가의 시대를 끝낸 것이 아니다. 오히려 전문가에게 날개를 달아주었다. 다만 그 날개는 아무나에게 주어지는 것이 아니다. 경험을 가진 사람이 자신의 방식을 더 정교하게 다듬고 확장할 때 비로소 힘을 발휘한다.

필자가 20년 쌓아온 경험은 AI를 만나 재사용 가능한 시스템이 됐다. 머릿속에만 있던 판단 기준이 언제든 꺼내 쓸 수 있는 도구가 됐다. 매번 처음부터 다시 하던 일을 축적해서 다시 쓰는 일로 바꿨다. 선택의 폭이 넓어졌고 결정의 속도도 달라졌다. 속도만 빨라진 것이 아니다. 품질도 함께 올라갔다. 교차검증은 결과물을 단단하게 만들었고, AI의 질문은 생각을 더 깊게 만들었다. 그럴듯함을 버리고 통과 가능한 답만 남기는 습관이 생겼다.

필자에게 AI는 답을 대신해주는 존재가 아니라 더 나은 판단을 끌어내는 촉진자이다. 전문성은 사라지는 것이 아니라 진화한다. 경험이 많은 사람일수록 AI를 만나면 더 멀리 갈 수 있다. 무엇을 묻고, 무엇을 걸러내고, 무엇을 남길지 알기 때문이다.

시작은 작아도 된다. 오늘 하는 일 하나를 잡고 그 일을 더 빠르고 더 안전하게 만들 질문을 던지면 된다. 그 과정에서 "나는 여전히 결정할 수 있다"는 감각이 돌아온다. 그리고 그 감각이 시니어를 다시 성장시킨다.

AI를 목격한 순간 흔들렸던 건 기술이 아니라, 내가 쌓아온 경험의 증명 방식이었다. 그래서 경험을 판단 구조로 꺼내 워크플로우로 만들고, 교차검증으로 기준을 세워 결과물을 현장에서 통하는 수준으로 다듬었으며 원소스 멀티유즈로 속도와 품질을 함께 끌어올렸다. 결국 AI는 나를 대체한 게 아니라, 내가 결정할 수 있다는 감각과 전문성의 선명함을 다시 돌려주었다.

경험이 흐릿해질 때,
AI는 방향을 비춘다

PART 4

AI는 내 생각을 더 또렷하게 만들어준다

AI에게는 정리와 반복을 맡기고, 사람은 판단과 책임을 맡는다. 이 방식은 AI를 제한하는 게 아니라, 오히려 더 잘 쓰는 방법이다.

시니어의 AI 사용은 확실히 달랐다

같은 도구를 써도 사람마다 사용하는 방식은 다르다. AI도 마찬가지다. 필자가 현장에서 느낀 건 세대에 따라 AI를 대하는 태도가 확연히 다르다는 점이었다. 그 차이는 속도나 숙련도에서 나오지 않았다. 사고의 방향에서 나왔다.

젊은 사람들은 AI에게 먼저 묻는다.

"이걸 어떻게 하나요?"

"정답을 알려주세요."

시니어들은 조금 다르게 접근한다. 질문을 던지기 전에 잠시 상황을 설명한다.

"이런 맥락이 있고, 이런 제약이 있고, 이런 선택지가 있습니다."

질문이 길어지는 대신, 답은 더 구체화된다. AI를 검색창처럼 쓰기보다 대화의 상대로 대한다.

이 차이는 습관에서 비롯된다. 시니어들은 오랜 시간 사람과 사람 사이에서 의사결정을 해왔다. 상황을 설명하고, 의도를 읽고, 맥락을 고려하는 데 익숙하다. 그래서 AI 앞에서도 바로 답을 요구하지 않는다. 먼저 배경을 꺼내놓는다. 이 방식은 AI를 더 똑똑하게 만든다기보다, 자기 생각을 더 또렷하게 만든다.

질문을 정리하는 과정에서 자신이 무엇을 알고 있고, 무엇을 모르는지가 분명해지기 때문이다. 필자는 이 장면을 여러 번 보았다. AI에게 질문을 던지던 사람이 중간에 멈춰서 이렇게 말한다.

"잠깐만요. 제가 지금 제 생각을 정리하고 있네요."

이 순간이 중요하다. AI가 답을 주기 전, 사람이 먼저 자기 생각을 정리하게 되는 순간이다.

시니어의 AI 사용은 효율을 앞세우지 않는다. 속도를 자랑하지도 않는다. 대신 사고의 방향을 점검한다. 그래서 결과는 조금 늦게 나오지만, 한 번 정리되면 흔들리지 않는다. 그래서 시니어에게 AI는 경쟁자가 아니다. 대체재도 아니다. 자기 사고를 확인하는 도구다. 경험이 많을수록 생각은 축적된다. 하지만 축적된 생각은 정리되지 않으면 오히려 흐려진다.

AI는 그 생각을 다시 꺼내 놓게 만든다. 말로 설명하게 하고, 문장으로 정리하게 한다. 그 과정에서 사고는 선명해진다. 그래서 시니어의 AI 사용은 확실히 다르다. 새로운 걸 배우기보다, 이미 가지고 있던 것을 다시 보는 사용이다. 그리고 이 방식은 다음 질문으로 이어진다.

"그렇다면 나는 무엇을 지켜야 하고, 무엇은 AI에게 맡겨도 될까."

내가 지켜야 할 것, 맡겨도 되는 것

AI를 쓰다 보면 어느 순간 이런 고민이 생긴다.

'어디까지 맡겨도 되는 걸까.'

모든 걸 대신해주는 것처럼 보이지만, 막상 써보면 전부 맡기기에는 어딘가 불안하다. 그래서 사람들은 경계선을 찾기 시작한다. 필자가 현장에서 만난 시니어들도 비슷한 지점에서 멈춘다. AI가 해주는 결과를 보며 이렇게 말한다.

"이건 편하긴 한데, 제가 판단해야 할 부분은 아직 남아 있네요."

이 말 속에는 두 가지 인식이 담겨 있다. 하나는 AI의 효율에 대한 인정이고, 다른 하나는 자기 역할에 대한 자각이다.

AI는 빠르게 정리할 수 있는 일을 잘 해낸다. 자료를 모으고, 비교하고, 형태를 만드는 데 강점이 있다. 반면 무엇이 중요한지, 어디서 멈춰야 하는지, 어떤 선택이 지금 상황에 맞는지는 여전히 사람의 몫이다. 그래서 시니어들은 AI를 쓰면서 자연스럽게 선을 긋는다. 이건 맡기고, 이건 내가 한다. 이 구분은 기술적 이해에서 나오지 않는다.

경험에서 나온다.

비슷한 상황을 여러 번 겪어본 사람은 어디에서 문제가 커지는지, 어디에서 사람이 개입해야 하는지를 감각적으로 안다. 그래서 AI에게는 정리와 반복을 맡기고, 사람은 판단과 책임을 맡는다. 이 방식은 AI를 제한하는 게 아니라, 오히려 더 잘 쓰는 방법이다. 역할이 분명해질수록 도구는 제 기능을 한다. 필자는 AI 활용이 익숙해진 시니어들이 점점 질문을 이렇게 바꾸는 걸 보았다.

"이걸 대신 결정해달라"에서 "이 상황을 어떻게 정리해볼 수 있을까"로. 이 변화는 크다. AI가 앞에 서는 게 아니라, 옆에 서게 되기 때문이다.

AI 활용시 지켜야 할 것은 결정의 기준이다. 어떤 결과를 원하는지, 어떤 가치는 넘지 않으려는지. 이 기준이 분명하면 AI는 훨씬 유용해진다. 기준이 없을 때만 AI는 위협처럼 느껴진다. 반대로 맡겨도 되는 것은 시간과 반복이다. 생각을 정리하는 데 필요한 손품, 비교와 요약, 형식 맞추기. 이걸 내려놓을수록 사람은 생각에 더 집중할 수 있다. 그래서 AI는 사람을 밀어내는 존재가 아니라, 사람의 자리를 더 분명하게 만드는 도구다. 이 경계를 자기 경험으로 정할 수 있는 사람은 AI 앞에서도 흔들리지 않는다.

이제 다음으로 이어질 질문은 조금 더 현실적이다.

"이렇게 나눈 역할을 일상 속에서는 어떻게 써볼 수 있을까."

하루 5분,
일의 품격이 달라졌다

AI를 쓰기 시작하면서 사람들이 가장 많이 묻는 질문은 의외로 이 것이다.

"얼마나 써야 효과가 있을까요?"

많이 써야 할 것 같고, 매일 시간을 내야 할 것 같고, 익숙해지려면 어느 정도 각오가 필요할 것처럼 느낀다. 하지만 현장에서 본 변화는 그 반대였다. 길게 쓰는 사람보다, 짧게라도 꾸준히 쓰는 사람이 먼 저 달라졌다.

하루 5분.

그 시간으로 모든 것이 바뀌지는 않는다. 하지만 일의 결은 분명히 달라진다.

시니어들이 AI를 일상에 들이는 방식은 대개 단순하다. 새로운 걸 배우기보다, 이미 하고 있던 일을 조금 다르게 정리한다. 회의를 앞두 고 머릿속에만 있던 생각을 AI에게 한 번 풀어놓는다. 보고서를 쓰기 전에 핵심만 던져본다. 하루를 마치며 오늘 판단한 선택을 문장으로 정리해본다. 이 5분은 일을 더 많이 하기 위한 시간이 아니다. 일을 더 정돈하기 위한 시간이다.

필자가 만난 한 시니어는 이렇게 말했다.

"일의 양은 그대로인데, 끝나고 나면 덜 지칩니다."

그 말에는 이유가 있다. 생각이 정리된 상태로 일을 시작하면 불필요한 왕복이 줄어든다. 결정이 빨라지고, 설명이 간결해진다. AI는 그 정리 과정을 조용히 도와준다. 대신 판단해주지는 않지만, 생각을 펼쳐놓을 공간을 만들어준다. 그래서 하루 5분은 AI를 위한 시간이 아니라, 자기 생각을 위한 시간이다.

시니어들은 이 시간을 훈련처럼 쓰지 않는다. 생활처럼 쓴다. 아침에 커피를 마시며 오늘 해야 할 일을 정리하듯, 퇴근 전 하루를 돌아보듯 자연스럽게 끼워 넣는다. 그렇게 쌓인 문장들은 어느 순간 자기 기준이 된다. 다음 결정을 도와주고, 다음 설명을 단순하게 만든다.

일의 품격은 성과의 크기로 결정되지 않는다. 과정이 얼마나 정돈되어 있는지에서 차이가 난다.

AI는 그 정돈을 빠르게 만든다. 그래서 하루 5분이 충분하다. 더 많이 쓰는 것보다, 더 자주 돌아오는 것이 중요하다. 그 리듬이 만들어질 때 일은 달라지고, 사람은 덜 흔들린다.

"이렇게 정리된 사고는 어디까지 확장될 수 있을까."

경험 위에
AI라는 도구를 얹다

송재하

체계 없는 조직에서 위기의 본질을 마주하다

신생 공공기관에 경력직으로 입사했을 때, 필자가 가장 먼저 마주한 것은 '업무'가 아니라 '공백'이었다. 규정은 정비 중이었고, 업무의 기준이 될 만한 매뉴얼도 충분하지 않았다. 인수인계를 해줄 선배도 없었다. 조직은 출범했지만, 조직이 작동하기 위한 최소한의 틀은 갖춰지지 않은 상태였다.

민간기업에서 인사와 교육 분야를 오래 경험해 왔지만, 공공기관은 처음이었다. 용어부터 결재 흐름, 의사결정 구조까지 낯선 것이 많았다. 무엇을 기준으로 판단해야 하는지, 어디까지가 역할인지조차 명확하지 않았다.

하루에도 몇 번씩 "이게 맞는 방향인가"라는 질문을 스스로에게 던졌다. 업무는 끊임없이 쏟아졌고 퇴근 시간은 점점 늦어졌다. 새벽 퇴근이 반복되던 어느 날, 문득 이런 생각이 들었다. 이대로 가다가는 성과보다 먼저 건강을 잃을 수 있겠구나.

그 막막함은 단순한 피로가 아니었다. 방향 없는 조직 안에서 개인의 경력마저 흔들릴 수 있다는 현실적인 위기 신호였다. 더 근본적인 문제는 불안의 원인이 개인이 아니라 구조에 있다는 점이었다. 조직 내 누구도 일을 대충 하려는 사람은 없었다. 모두가 열심히 하고 있었지만, 어디를 향해 가야 하는지 명확하지 않았다. 역할과 책임이 정리되지 않은 조직에서는 아무리 유능한 사람도 역량을 온전히 발휘하기 어렵다. 필자는 민간에서 그 사실을 수없이 경험해 왔다.

이때 선택의 기로에 섰다. "공공기관은 원래 이런 곳"이라며 체념하는 길이 있었고, 지금의 혼란을 문제로 정의하고 구조를 만들어가는 길이 있었다. 경력직으로, 그리고 시니어로 이 조직에 들어온 이유를 떠올리면 답은 분명했다. 필자는 후자를 선택해야 했다.

민간에서 쌓은 실행 경험을 기준으로 삼다

막막한 상황에서 필자가 가장 먼저 한 일은 혼자 고민하는 것이 아니라 사례를 찾는 일이었다. 타 공공기관의 조직 운영 방식과 인사 제도를 조사했고, 가능한 한 담당자를 직접 만나 이야기를 들었다. 전화 한 통, 메일 한 통으로 시작한 연결이 점차 넓어지며 현장의 고민과 시행착오를 들을 수 있었다.

사례를 모아 정리하는 과정에서 공통점이 선명해졌다. 문제의 핵심은 사람이 아니라 구조였다. 구성원의 역량 부족이 아니라, 조직과 직무의 역할이 불명확한 상태에서 생기는 혼란이 대부분의 문제를 만들고 있었다.

이 지점에서 민간에서 쌓아온 경험이 자연스럽게 떠올랐다. 조직이 빠르게 성장하거나 환경이 급변할 때, 기존의 구조와 역할이 현실을 따라가지 못하면 혼란이 발생한다. 그 혼란은 늘 개인의 문제처럼 보이지만, 실제로는 구조의 문제인 경우가 많다. 그렇다면 해결도 구조에서 시작해야 했다.

필자는 조직과 직무를 처음부터 다시 들여다보기 시작했다. 기존 규정은 참고하되, 규정의 문구가 아니라 "현장에서 실제로 어떻게 일하고 있는가"를 중심에 두었다. 형식적인 조직도가 아니라 구성원이 이해하고 설명할 수 있는 조직 구조를 만드는 것이 목표였다.

조직개편안과 직무 정비안은 단순히 문서를 만드는 작업이 아니었다. 왜 이 조직이 이 역할을 해야 하는지, 왜 이 업무가 이 부서에 있어야 하는지를 논리적으로 설명할 수 있어야 했다. 동시에 구성원들이 "이해는 되지만 현실과 동떨어진 이야기"라고 느끼지 않도록 실제 업무 흐름을 최대한 반영해야 했다.

물론 걱정이 없었던 것은 아니다. 이 변화가 받아들여질 수 있을까, 제안한 구조가 운영 단계에서 제대로 작동할 수 있을까 하는 불안이 뒤따랐다. 그러나 경험은 알고 있었다. 완벽한 계획을 기다리다 보면 실행의 타이밍을 놓친다는 것을, 그리고 조직 변화는 대개 보완하며

가는 과정이라는 것을 말이다. 머뭇거림보다 실행이 답이었다.

이때 필자를 붙잡아준 문장이 있다.

"나는 계획하고 실행하는 일을 해왔고, 그것을 잘해왔다."

"시니어의 경험은 화려한 이력서에 있는 것이 아니라, 이런 순간에 흔들리지 않고 방향을 잡아주는 내적 기준으로 작동한다."

디지털 도구로 성과의 시간을 앞당기다

실행의 속도를 높이는 데 결정적 역할을 한 것은 디지털 도구였다. 조직과 인력 관련 자료는 여러 곳에 흩어져 있었고, 상당 부분이 수작업으로 관리되고 있었다. 필자는 먼저 자료를 한곳으로 모으고, 체계적으로 검색할 수 있는 구조를 만들었다. 엑셀을 활용해 데이터를 정리했고, 반복적으로 발생하는 입력과 계산은 자동화했다.

테이블과 피벗테이블을 활용하자 조직과 인력 현황이 한눈에 보이기 시작했다. 이전에는 자료를 찾고 정리하는 데 대부분의 시간을 썼다면, 이제는 데이터를 기반으로 판단하는 데 시간을 쓸 수 있게 되었다. 이 변화는 단순한 업무 편의성이 아니었다. 의사결정의 질과 속도를 동시에 끌어올리는 변화였다.

보고는 더 명확해졌고 질문에는 근거를 가지고 답할 수 있었다. "왜 이렇게 판단했는가"라는 질문에 감이 아니라 데이터로 설명할 수 있다는 것은 조직 안에서 신뢰로 이어졌다. 빠른 처리와 명확한 결과는 상사의 신뢰로 연결되었고, 그 신뢰는 다시 실행의 자율성을 넓혀

주었다. 조직은 결국 결과로 움직인다. 그리고 결과는 구조와 데이터에서 빨리 나온다.

최근에는 생성형 AI 관련 서적을 읽으며, 업무에 바로 적용할 수 있는 프롬프트를 따로 기록하고 있다. 단순히 기술을 따라가는 것이 아니라, 내 업무 맥락에 맞게 어떻게 적용할지를 고민한다. 경험 위에 도구를 얹자 실행력은 더 빨라졌고, 결과는 예상보다 빠르게 나타났다.

여기서 중요한 것은 도구 자체가 아니라 도구를 쓰는 기준이다. 경험이 없는 상태에서의 도구 활용은 단순한 자동화에 그칠 수 있다. 그러나 경험이 있는 시니어에게 도구는 판단을 돕는 증폭기가 된다. 무엇을 물어봐야 하는지, 어떤 결과가 의미 있는지, 어디에서 리스크가 생기는지 알고 있기 때문이다. AI는 일을 대신하는 존재가 아니라, 경험을 더 빠르게 작동시키는 장치다.

경험은 자산이며 늙지 않는다

이 과정을 통해 필자가 다시 확인한 사실은 분명하다. 경험은 자산이며 늙지 않는다. 준비된 사람에게 위기는 기회가 된다. 경험과 숙련도가 높은 시니어는 돌봄의 대상이 아니다. 사회의 중심에서 구조를 만들고 방향을 제시할 수 있는 존재다. 나이나 직함이 아니라, 경험을 실행으로 바꾸는 힘이 조직을 움직인다.

체계 없는 조직에서 필자가 증명한 것은 특별한 재능이 아니다. 문제를 구조로 바라보는 시선, 사례를 통해 답을 찾는 태도, 그리고 실행을 두려워하지 않는 경험의 힘이다. 이것이 지금 우리가 이야기해야 할 '시니어의 귀환'이다.

시니어의 귀환은 과거로의 회귀가 아니다. 경험을 현재의 언어로 번역하고 새로운 도구와 결합해 미래를 만들어가는 일이다. 더 많은 시니어가 자신의 경험을 다시 자산으로 인식하고, 사회의 중심으로 돌아오는 계기가 필요하다. 그 시작은 거창한 선언이 아니라, 오늘의 문제를 구조로 정의하고 실행으로 옮기는 선택이다.

시니어의 귀환은 필자에게, 경험 위에 AI라는 도구를 얹어 더 빠르고 더 정확하게 성과를 만드는 도전이자 기회이다.

AI 시대, 경험은 더 또렷하게 진화한다

박유주

익숙한 강단에서, 새로운 질문이 시작되다

필자는 20년 넘게 교육 현장에 있었다. 대학교 강의실에서 학생들을 만나왔고, 기업 교육장에서는 팀장과 실무자들을 대상으로 강의를 했다. 공공기관 연수원에서는 조직 안에서 오래 일해 온 사람들의 이야기를 들었다. 교육 대상과 장소는 달랐지만, 강의의 중심은 늘 같았다. 사람은 왜 비슷한 상황에서 비슷한 선택을 반복하는지, 말 한마디가 관계를 어떻게 바꾸는지, 경험은 어떻게 정리될 때 힘을 갖는지에 대한 질문이었다.

강의실에서는 비슷한 장면을 자주 마주했다. 회의 자리에서는 말을 아끼다 평가에서 밀렸다고 느끼는 직장인, 팀을 이끌고 있지만 자신의 말이 구성원에게 어떻게 전달되는지 몰라 답답해하는 관리자, 취업을 앞두고 "특별한 경험이 없다"고 말하며 고개를 숙이는 청년들이다. 상담 자리에서는 그보다 더 솔직한 말들이 이어졌다.

"제가 잘못한 건 아닌 것 같은데 자꾸 관계가 틀어져요."

"열심히 일했는데 왜 항상 마지막에 빠지는지 모르겠어요."

"경력은 쌓였는데, 요즘은 이력서에 쓸 말이 없어요."

필자는 그 질문들 앞에서 해답을 주기보다 질문을 다시 정리해주는 역할을 해왔다. 감정으로만 남아 있던 경험을 말로 풀어내고, 흩어진 사건을 하나의 흐름으로 연결해 주는 일이다. 그 과정을 거친 뒤 많은 이들이 이렇게 말했다.

"제가 해온 일이 이렇게 정리될 수 있는 줄 몰랐어요."

그 경험들은 분명 소중했고, 실제로 많은 사람들에게 도움이 되었다. 그래서 필자는 오랫동안 같은 방식으로 강단에 섰다. 그러나 어느 순간부터 강단에 서는 일이 이전처럼 가볍게 느껴지지 않았다. 강의 준비를 하며 문득 이런 질문이 떠올랐다.

'이 이야기가 지금도 유효할까?'

'사람들은 여전히 이런 설명을 필요로 할까?'

변화는 이미 현장에서 감지되고 있었다. 강의가 끝난 뒤 이어지는 질문의 결이 달라지기 시작했다.

"요즘은 AI로 자소서도 쓴다던데요."

"이런 정리는 AI가 더 잘하지 않나요?"

"강사님도 AI 쓰세요?"

처음에는 기술 트렌드가 하나 더 늘어난 것이라 생각했다. 그러나 같은 질문이 반복될수록, 그 안에 담긴 감정이 선명해졌다. '내가 해 온 일은 이제 쓸모없는 걸까?'라는 불안이었다.

그 무렵, AI가 눈에 들어왔다. 처음에는 단순한 기술 이야기라고 여 겼다. 그러나 시간을 두고 지켜볼수록, 이 변화는 기술의 문제가 아니 라 **경험을 어떻게 설명하고 연결하느냐의 문제**라는 생각이 들기 시 작했다.

"지금 이 변화에 맞는 새로운 이야기가 필요하겠구나."

이 질문은 새로운 기술을 따라잡아야 한다는 조급함이 아니라, 지 금까지 해온 강의와 상담, 사람들의 이야기를 어떤 관점으로 다시 써 야 할지에 대한 물음이었다.

변화를 감지하다 – 익숙함이 흔들리기 시작했다

이제 질문은 막연한 불편함이 아니라 분명한 문제로 다가왔다. 강의 를 조금 바꾼다고 해결될 문제도 아니었고, 새로운 도구 하나를 익힌 다고 사라질 불안도 아니었다. 문제는 새로운 내용을 더하는 데 있지 않았다. 오히려, 같은 이야기를 **어떤 관점에서 꺼내느냐**의 문제였다.

한 기업 교육 현장에서의 일이다. 중간관리자 교육을 마친 뒤 한 참 가자가 조심스럽게 말했다.

"요즘은 보고서도 AI가 써준다는데, 우리가 배우는 이런 커뮤니케 이션 교육이 앞으로도 의미가 있을까요?"

그 질문에는 기술에 대한 호기심보다, 자신의 역할이 줄어들지 모른다는 두려움이 담겨 있었다. 그 질문 앞에서 필자는 그동안 해오던 일을 다시 떠올렸다. 사람들의 말을 정리해 주는 일, 흩어진 생각을 질문으로 바꾸고 감정을 문장으로 풀어내는 역할이다.

그 과정에서 가장 중요했던 것은 정보의 양이 아니라 **맥락**이었다. 사람은 맥락 속에서 자신의 경험을 이해할 때 비로소 다음 선택을 할 수 있었다. AI를 둘러싼 질문들 역시 다르지 않았다.

"이제 나는 뭘 해야 하나요?"

"지금까지 해온 건 의미가 없어진 걸까요?"

표현만 달라졌을 뿐, 오랫동안 상담실과 강의장에서 반복되어 온 질문들이었다. 그때부터 필자는 AI를 '배워야 할 대상'이 아니라, 사람들의 경험을 다시 꺼내 보게 만드는 **계기**로 바라보기 시작했다.

AI를 배우는 법이 아닌, 연결하는 법

관점이 달라지자 접근도 달라졌다.

AI를 본격적으로 마주했을 때, 필자가 가장 먼저 한 일은 기능을 익히는 것이 아니었다. 대신 이런 질문을 던졌다.

"이 도구는 내가 해오던 일을 어디까지 도와줄 수 있을까?"

현장에서 만난 사람들은 AI를 두려워하면서도, 동시에 기대하고 있었다. 그러나 그 기대는 대부분 막연했다. 무엇을 할 수 있는지는 들었지만, 자기 일과 어떻게 연결해야 하는지는 보이지 않았기 때문이다. 그래서 필자는 AI를 설명하는 대신, 사람들의 경험을 꺼내는 데서 강의를 시작했다.

한 시니어 교육 과정에서의 일이다. 첫 시간, 한 참여자가 키보드 앞에서 손을 떼고 이렇게 말했다.

"나는 이런 거랑 안 맞는 사람이에요. 젊은 사람들 쓰는 거잖아요."

필자는 기능 설명을 멈추고 질문을 바꿨다.

"그동안 어떤 일을 가장 오래 해오셨나요?"

"그 일을 하면서 가장 많이 판단해야 했던 순간은 언제였나요?"

그는 수십 년간 현장에서 문제를 해결해 온 기술자였다. 필자는 AI에게 그 판단 과정을 그대로 말로 풀어보자고 제안했다. 처음에는 어색해했지만, 몇 문장을 지나자 자연스럽게 기준과 노하우가 흘러나왔다. AI는 그 이야기를 정리했고, 그는 화면에 정리된 문장을 한참 바라보다가 이렇게 말했다.

"이건 기술을 배우는 게 아니라, 제가 해온 일을 정리하는 거네요."

또 다른 교육 현장에서는 이런 장면도 있었다. 기업 교육에 참여한 한 중간관리자는 AI를 활용해 회의 정리 문서를 만들어보던 중 고개를 저었다.

"정리는 잘 되는데, 뭔가 우리 팀 상황이 빠진 느낌이에요."

필자는 그에게 물었다.

"그럼 이 팀에서는 어떤 말을 먼저 해야 사람들이 움직였나요?"

그는 잠시 생각하다가 자신의 경험을 덧붙였고, 그 순간 문서의 내용은 완전히 달라졌다. AI가 만든 틀 위에 현장의 맥락이 얹히자, 비로소 '쓸 수 있는 문서'가 되었다.

이 장면들을 통해 필자는 확신하게 되었다. 사람들이 AI를 어려워하는 이유는 기능을 몰라서가 아니다. **자기 경험이 어디에 놓여야 하는지 모르기 때문**이다.

그래서 필자의 강의는 점점 바뀌었다. 기능 설명보다 질문을 먼저 던지고, 기술 시연보다 상황을 먼저 보여주었다. AI에게 무엇을 시킬지 고민하기 전에, 자신이 무엇을 해왔는지부터 말하게 했다.

AI는 답을 대신하는 도구가 아니었다. 사람의 경험을 밖으로 끌어내고, 다시 바라보게 만드는 도구였다.

강의의 본질은 바뀌지 않았다

AI를 활용하면서 필자의 강의 준비 방식은 분명 달라졌다. 예전에는 자료를 찾고 정리하는 데 많은 시간을 썼다면, 이제는 AI를 통해 빠르게 구조를 잡고 그 위에 경험을 얹는다. 자료 준비 속도는 빨라졌지만, 강의실에 들어서는 순간의 태도는 오히려 더 조심스러워졌다.

그러나 강의실에서의 역할은 달라지지 않았다. AI가 제안하는 문장은 대체로 매끄럽고 논리적이다. 하지만 그 문장이 언제나 사람에게 적절한 것은 아니었다. 특히 커뮤니케이션이나 갈등 관리처럼 말의 온도와 관계의 맥락이 중요한 주제에서는, 정답처럼 보이는 문장이 오히려 상황을 더 어렵게 만들 수도 있었다.

한 커뮤니케이션 교육 현장에서의 일이다. 필자는 일부러 AI가 만들어 준 회의용 문장을 그대로 화면에 띄웠다. 그리고 교육생들에게 물었다.

"이 문장을 실제 회의에서 그대로 사용하면 어떤 반응이 나올까요?"

잠시 정적이 흐른 뒤, 한 교육생이 조심스럽게 말했다.

"말은 맞는데…. 듣는 사람 입장에서는 지적받는 느낌이 들 것 같아요."

다른 교육생도 고개를 끄덕이며 덧붙였다.

"상대가 바로 방어적으로 나올 것 같아요."

그 순간 강의의 중심은 자연스럽게 사람에게로 돌아왔다. AI는 문장을 제안했지만, 그 문장이 관계 속에서 어떻게 작동하는지는 결국 사람이 판단해야 했다. 필자는 그 판단의 이유를 하나씩 묻고, 같은 내용을 다른 순서와 표현으로 바꿔보게 했다. 같은 메시지라도 어떤 말은 대화를 열고, 어떤 말은 관계를 닫는다는 사실이 눈앞에서 드러났다.

또 다른 갈등 관리 교육에서는 이런 장면도 있었다. 한 참여자가 말했다.

"AI가 추천한 문장대로 말했는데, 오히려 상황이 더 안 좋아졌어요."

필자는 그 문장을 다시 읽어보게 한 뒤 이렇게 물었다.

"그 말을 들었을 때, 상대는 어떤 상태였을까요?"

"그 상황에서 먼저 필요했던 건 '정확한 설명'이었을까요, 아니면 '감정의 정리'였을까요?"

질문 앞에서 참여자는 잠시 멈췄고, 이내 고개를 끄덕였다. 문제는 문장이 아니라 **상황을 읽는 순서**였다.

이 과정에서 필자는 다시 한 번 확인하게 되었다. AI는 판단을 대신하지 않았다. 다만, 어디에서 판단이 필요한지를 더 또렷하게 드러내 주었을 뿐이었다.

어려운 개념을 쉽게 풀어내고, 사람과 조직의 맥락을 읽어 행동으로 이어지게 돕는 일. 필자가 오랫동안 해온 그 역할은 변하지 않았다. AI는 그 본질을 흐리게 하지 않았고, 오히려 더 분명하게 드러내 주었다.

시니어에게 AI는 늦은 시작이 아니라, 새로운 무기다

AI 시대를 이야기할 때 가장 먼저 위축되는 이들은 종종 시니어들이다. 그러나 현장을 조금만 들여다보면, 그들이 어려워하는 것은 기술이 아니라 **자신의 경험이 어디에 쓰일 수 있는지 보이지 않는 상황**이라는 점이 분명해진다.

리더십 – 판단의 경험을 다시 언어로 만드는 것

한 공공기관 리더십 교육에서 오랜 기간 조직을 이끌어 온 한 관리자가 이렇게 말했다.

"요즘 회의에서는 숫자와 시스템 이야기만 오가다 보니, 제가 왜 그런 결정을 했는지 설명할 기회가 없어요. 말해도 '근거가 부족하다'는 반응이 먼저 나옵니다."

그는 조직 안에서 오랜 시간 중요한 선택을 해온 사람이었다. 그러나 최근 들어 자신의 판단이 점점 '경험'이 아니라 '감각'처럼 취급된다고 느끼고 있었다.

필자는 그에게 과거 의사결정 사례 하나를 떠올려 보자고 했다. 그리고 단순히 결과가 아니라, **그때 무엇을 가장 중요하게 보았는지를** 문장으로 풀어보자고 제안했다. 그는 처음엔 이렇게 말했다.

"그땐 그냥 상황이 급해서 그렇게 한 거예요. 딱히 기준이 있었던 건 아니에요."

그래서 필자는 질문을 바꿨다.

"그 결정 말고 다른 선택지도 있었을 텐데, 왜 그 선택을 하셨나요?"

"그 순간, 무엇이 가장 우선이라고 판단하셨나요?"

잠시 생각하던 그는 조용히 말했다.

"당장은 손해가 나더라도, 그 결정이 팀 신뢰를 깨지는 않을 거라고 봤어요."

그 말을 그대로 문장으로 정리하자, 화면에는 이런 문장이 남았다.

"당장의 효율보다 팀의 신뢰를 우선한다고 판단해 이 결정을 선택했습니다."

그 문장을 한참 바라보던 그는 고개를 끄덕이며 말했다.

"아, 이게 제가 늘 하던 판단이었네요. 그냥 직감이라고만 생각했는데."

이후 그는 회의에서 결론을 내리기 전, 판단의 이유를 한 문장으로 먼저 설명하기 시작했다.

"이 선택은 단기 성과보다 조직 신뢰를 우선한 판단입니다."

숫자와 데이터가 오가는 자리에서도 그의 경험은 더 이상 막연한 감각이 아니었다. 구성원들은 결정을 이해했고, 질문의 방향도 달라졌다. AI는 결정을 대신하지 않았다. 다만, 리더가 이미 가지고 있던 판단의 기준을 드러내 주었을 뿐이다. 경험은 사라진 것이 아니었다. 말이 되지 않았을 뿐이었다.

커뮤니케이션 – 말의 온도를 점검하는 것

커뮤니케이션 교육 현장에서 한 시니어 참여자는 답답한 표정으로 말했다.

"나는 사실대로 말했을 뿐인데, 왜 사람들이 자꾸 불편해하는지 모르겠어요."

필자는 그가 실제 회의와 업무 지시 상황에서 자주 사용하던 문장을 하나 적어보게 했다.

"이건 제가 여러 번 말씀드렸던 부분인데, 아직도 이렇게 처리하시면 곤란합니다."

내용만 놓고 보면 틀린 말은 아니었다. 지시해야 할 상황이었고, 실제로 문제가 반복되고 있었다. 필자는 그 문장을 AI에 입력한 뒤, 같은 내용을 **의도를 먼저 드러내는 방식**으로 바꾼 문장과 나란히 놓고 비교해 보았다.

"이 부분은 이전에도 한 번 말씀드렸던 내용이라 다시 짚고 싶습니다.

혹시 진행하면서 어려운 점이 있었는지 먼저 들어보고 싶어요.”

두 문장은 전달하는 사실은 크게 다르지 않았다. 그러나 듣는 사람이 느끼는 온도는 전혀 달랐다. 첫 문장은 ‘지적’처럼 들렸고, 두 번째 문장은 ‘상황을 이해하려는 의도 설명’으로 받아들여질 수 있었다. 화면에 나란히 놓인 두 문장을 한참 바라보던 그는 천천히 고개를 끄덕이며 말했다.

“말이 틀린 게 아니라, 이 말을 꺼내는 순서와 방식이 문제였군요.”

그는 그날 이후 말을 하기 전에 한 번 더 표현을 점검하는 습관을 들였다고 했다. 같은 내용을 전하더라도, 먼저 의도를 설명하고 상대의 상황을 묻는 것만으로도 대화의 흐름이 달라졌다는 것이다. 이 과정에서 AI는 정답을 알려주는 도구가 아니라, 자신의 말을 한 발 떨어져서 바라보게 만드는 **거울** 역할을 했다.

취업·경력 컨설팅 – 쌓아온 일을 다시 연결하는 것

취업 컨설팅 현장에서는 시니어들의 좌절이 더 직접적으로 드러난다. 한 참여자는 이렇게 말했다.

“경력은 많은데, 요즘 이력서에 쓸 말이 없어요. 그냥 오래 일한 것 말고는 딱히 내세울 게 없어요.”

그가 처음 가져온 이력서에는 이렇게 적혀 있었다.

“○○부서 근무, 업무 전반 담당”

말은 틀리지 않았지만, 그가 무엇을 잘해왔는지는 전혀 보이지 않았다. 필자는 AI와 함께 그가 해온 일을 연도별로 나열하는 대신, 어떤 상황에서 어떤 문제를 맡았고, 그때 무엇을 기준으로 해결했는지를 하나씩 질문했다.

"그 부서에서 가장 골치 아팠던 문제는 뭐였나요?"

"그때 다른 선택지도 있었을 텐데, 왜 그 방법을 택하셨나요?"

그는 잠시 생각하다가 말했다.

"매번 현장이랑 본사 의견이 엇갈렸는데, 중간에서 조율하는 역할을 제가 맡았어요."

그 말을 정리해 문장으로 바꾸자, 이력서에는 이렇게 적혔다.

"본사와 현장 간 갈등 상황에서 조율 역할을 맡아, 일정 지연 없이 프로젝트를 마무리함."

그 문장을 다시 읽던 그는 조용히 말했다.

"아, 이건 제가 그냥 오래 버틴 게 아니라, 계속 문제를 해결해 온 거였네요."

AI는 새로운 경력을 만들어 주지 않았다. 다만 흩어져 있던 경험을 '보이는 언어'로 다시 연결해 주었을 뿐이었다. 그 순간부터 그의 이력서는 과거의 기록이 아니라, 앞으로의 가능성을 설명하는 문서로 바뀌기 시작했다.

경험은 사라지지 않는다, 방식만 달라질 뿐이다

시작이 늦었다고 해서 도착이 느린 것은 아니다. 경험이 있는 사람은 단지 방식을 바꾸면 누구보다 멀리 나아갈 수 있다. AI 시대는 경험을 지우는 시대가 아니라, 경험을 더 또렷하게 만드는 시대다.

　AI는 경험을 대체하지 않고, 경험을 다시 **설명 가능하게** 만든다. 중요한 것은 기술이 아니라, 경험을 연결하는 관점이다. 경험은 AI를 만나 진화하며 새로운 가능성으로 확장된다.

　시니어의 강점은 단순한 숙련이 아니다. 수많은 시행착오 속에서 형성된 판단의 기준, 위기 속에서 균형을 잡아온 감각, 사람을 읽고 흐름을 조율해온 통찰이다.

흔들릴수록, 기준을 세우는 사람이 필요해진다

PART 5

나는 아직 기준이 될 수 있다

리더십은 앞에 서는 기술이 아니라, 중심을 잡는 태도다. 그리고 그 중심은 지시가 아니라 정렬에서 만들어진다.

리더십은 지시가 아니라 정렬이었다

리더십을 말할 때 많은 사람들은 여전히 지시를 떠올리는 경우가 많다. 결정을 내리고, 방향을 정하고, 사람들을 움직이는 힘. 하지만 시간이 지나면서 현장에서 보이는 리더십의 모습은 조금씩 달라졌다.

필자가 만난 많은 시니어 리더들은 더 이상 앞에 서서 끌고 가려 하지 않았다. 대신 흐름이 어긋난 지점을 조용히 바라보고 있었다.

"지금 이 방향, 우리가 같은 그림을 보고 있을까요?"

이 질문 하나로 회의의 분위기가 바뀐다. 누가 맞는지를 가르기보다, 어디에서 시선이 엇갈렸는지를 확인하게 된다. 이 순간에 드러나는 것이 정렬이다. 정렬은 사람을 움직이기 전에 사람의 생각을 같은 방향으로 맞추는 일이다. 지시보다 느려 보이지만, 한 번 맞춰지면 흔들리지 않는다.

시니어 리더들은 이 차이를 몸으로 알고 있다. 지시로 움직인 조직은 빠를 수는 있어도 오래 가지 못한다는 것을. 그래서 그들은 답을 말하기보다 맥락을 꺼낸다. 왜 이 일이 중요한지, 무엇을 지키려는지,

어디까지는 양보할 수 없는지. 이 설명이 끝나면 사람들은 지시를 기다리지 않는다. 스스로 판단한다.

리더십이 위에서 아래로 흐르지 않고, 기준을 중심으로 퍼져나가는 순간이다. 필자는 이런 리더들의 공통점을 보았다. 그들은 자기 경험을 권력으로 쓰지 않는다. 기준으로 쓴다.

"예전에 이런 상황에서 우리는 이렇게 판단했습니다."

이 말은 명령이 아니다. 기준점이다. 사람들은 그 기준을 놓고 자기 선택을 한다. AI 시대에 이런 리더십은 더 중요해진다. 정보는 넘치고, 정답은 빠르게 바뀐다. 지시만으로는 속도를 따라갈 수 없다. 그래서 조직은 점점 기준을 가진 사람을 필요로 한다.

무엇을 할지보다, 무엇을 하지 않을지를 말해줄 수 있는 사람. 그 기준은 하루아침에 생기지 않는다. 수많은 판단을 거치며 조금씩 만들어진다. 그래서 시니어의 경험은 여기서 힘을 갖는다.

리더십은 앞에 서는 기술이 아니라, 중심을 잡는 태도다. 그리고 그 중심은 지시가 아니라 정렬에서 만들어진다.

"그렇다면 사람들은 왜 리더에게 답이 아니라 맥락을 원하게 되었을까."

후배가 원한 것은
답이 아니라 맥락이었다

후배들은 예전처럼 묻지 않는다.

"어떻게 하면 될까요?" 대신 이렇게 말한다.

"이 상황을 어떻게 보셨나요?"

이 차이는 작아 보이지만, 의미는 크다. 정답을 달라는 요청이 아니라, 판단의 과정을 보고 싶다는 신호이기 때문이다. 필자가 현장에서 본 장면도 비슷했다. 후배들은 지시를 기다리지 않았다. 오히려 결정의 배경을 궁금해했다.

"그때 왜 그 선택을 하셨는지 알고 싶습니다."

이 질문에는 불안이 섞여 있다. 정답이 없다는 걸 이미 알고 있기 때문이다. 그래서 기준을 찾는다.

과거에는 리더가 답을 알고 있다고 생각했다. 지금은 그 답이 언제든 바뀔 수 있다는 걸 모두가 안다. 그래서 후배들이 원하는 건 답이 아니라 맥락이다. 어떤 조건을 고려했는지, 무엇을 먼저 봤는지, 어디까지를 지키려 했는지. 이 맥락이 공유되면 결과가 달라도 방향은 흔들리지 않는다. 시니어 리더들은 이 지점에서 자기 역할을 다시 정의한다. 결정을 대신 내려주는 사람이 아니라, 판단의 틀을 보여주는 사람이 되는 것이다.

"내가 맞았던 이유보다, 그때 무엇을 고민했는지가 더 중요합니다."

이 말은 책임을 회피하는 게 아니다. 오히려 책임을 함께 나누는 방식이다.

AI 시대에는 정보가 너무 많다. 후배들은 이미 충분한 자료를 갖고 있다. 그들에게 부족한 건 정보가 아니라 판단의 기준이다. 그래서 시니어의 경험은 여기서 빛난다. 정답을 말하지 않아도, 방향을 보여줄 수 있기 때문이다.

후배들은 완벽한 답을 기대하지 않는다. 다만 어디를 보고 결정을 내렸는지는 알고 싶어 한다. 그 맥락이 전달되는 순간, 경험은 전수가 된다. 그리고 이 전수 방식은 조금씩 달라지고 있다.

경험을 전하는 방식도 달라지고 있다

예전에는 경험을 전한다는 말이 곧 조언을 의미했다. 무엇을 해야 하는지, 무엇을 조심해야 하는지 앞선 사람이 말해주는 방식이었다. 하지만 지금은 그 방식이 그대로 작동하지 않는다. 후배들은 말을 듣지 않아서가 아니라, 그 말이 지금 상황에 어떻게 연결되는지 알기 어려워한다.

필자가 현장에서 본 변화도 이 지점에서 시작됐다. 조언을 해도 고개는 끄덕이지만, 행동으로 이어지지 않는다. "알겠습니다"라는 말 뒤에 침묵이 남는다.

문제는 경험의 양이 아니라 전달의 방식이다. 경험이 많을수록 이야기는 길어지고, 맥락은 흩어진다. 그래서 경험은 전해지기보다 쌓여만 간다. 시니어들이 조금씩 방식을 바꾸기 시작한 건 AI를 함께 쓰면서부터다. 경험을 바로 말하지 않고, 상황을 먼저 정리한다.

"이 상황을 어떻게 정리해볼 수 있을까."

이 질문을 AI와 함께 풀어가다 보면 자연스럽게 경험이 구조로 드러난다. 무엇을 먼저 봤는지, 어떤 조건이 중요했는지. 이 구조를 공유하면 조언은 줄어들고, 이해는 깊어진다.

후배들은 이야기를 듣는 대신 판단의 틀을 본다. 그래서 같은 상황이 아니어도 응용할 수 있다. 경험을 전한다는 건 정답을 전달하는 일이 아니라, 사고의 경로를 보여주는 일이다. 이 방식이 익숙해지면 시니어의 역할도 달라진다. 앞에서 끌어주는 사람이 아니라, 옆에서 방향을 점검해주는 사람이 된다.

AI는 이 변화에 조용히 힘을 보탠다. 경험을 말로 풀어내고, 정리하고, 다시 점검하는 과정을 빠르게 만들어준다. 그래서 경험 전수는 더 이상 한 번의 말로 끝나지 않는다. 함께 정리하고, 함께 질문하고, 함께 판단하는 과정이 된다. 이 변화는 시니어에게도 새로운 역할을 준다. 가르치는 사람이 아니라, 기준을 함께 만드는 사람으로. 그리고 이 역할은 위기 속에서 더 또렷해진다.

위기 속에서 발견한
새로운 기회

부정필

위기, 위험한 기회

"암이 맞습니다. 우려했던 그 암이 맞습니다. 수술을 할지, 말지를 결정하셔야 합니다."

2025년 11월, 회사 종합건강검진 혈액검사에서 이상 소견이 발견되었다. 7개월 가까이 미뤄두었던 종합검진을 받은 끝에, 12월 전문병원 조직검사 결과는 전립선암 확진이었다. 다행히 지역 종합병원에서 곧바로 수술이 가능해 전립선 제거 수술을 받았고, 이후 3개월간의 병결 휴가에 들어갔다.

이 시간은 단순한 '쉼'이 아니었다. 만 31년간 쉼 없이 달려온 회사 생활을 잠시 멈추고, 지친 몸과 마음으로 나의 삶을 되돌아보는 뜻밖의 간격이었다.

주변에서는 비교적 예후가 좋은 암이라는 위로를 건넸다. 하지만 신체의 일부를 절제해야 하는 수술은 당사자에게 육체적·정신적으로 결코 가볍지 않았다.

나는 그동안 인사·총무 분야를 책임지는 팀장으로 일해 왔다. 채용, 교육, 인사제도, 급여와 복리후생, 노무관리, 총무·관재, 의전과 홍보까지, 조직의 거의 모든 흐름이 지나가는 자리였다. 특히 외국인 투자 기업이던 회사가 2008년 사모펀드에 매각된 이후 노조가 새로 설립되면서, 노사관계는 늘 긴장의 연속이었다.

제지산업 전반의 침체 속에서 회사의 실적은 20여 년간 하향 곡선을 그려왔다. 그러나 노조와 구성원들의 기대는 과거의 기억에 머물러 있었다. 노조 설립 초기부터 사측 실무자로 협상을 담당했고, 지금은 실무 책임자까지 맡고 있다. 그 무게는 말로 다 표현하기 어렵다.

회사는 '슈퍼 을'의 위치에 놓이기 일쑤였다. 매각설이 언론에 오르내릴 때마다 협상력은 급격히 약화됐다. 그 과정에서 느끼는 자괴감과 심신의 소진은 누적되어 갔다.

2024~2025년은 특히 거칠었다. 회사 매각에 따른 새로운 주주의 등장, 통상임금 판례로 촉발된 장기 협상, 임단협, 계열사 매각설, 소수 노조의 개인연금 관련 소송 패소, 사내 사망사고와 연이은 안전사고 대응, 그리고 경영 정상화를 위한 조직개편과 인력 재배치까지. 인사팀은 늘 최전선에 서 있었다.

재배치 과정에서 쏟아진 불만과 반발, '부당 전배'라는 낙인, 인격을 부정당하는 언어들. HR팀은 때로는 방패였고, 때로는 표적이었다.

이런 상황 속에서 찾아온 암 진단은 역설적으로 하나의 전환점이 되었다. 삶을 다시 설계하라는 신호처럼 느껴졌기 때문이다.

알을 깨고 나오는 여정

2022년 겨울, ChatGPT의 등장은 우리의 일상을 조용히 바꾸기 시작했다. 두 달 만에 1억 명이 사용하는 도구가 되었고, 2025년 '가능성의 이야기'였던 AI는 2026년 들어 '현실의 도구'가 되었다.

짧은 시간 동안 우리의 삶은 이렇게 달라졌다.

첫째, '모르는 건 검색하던 시대'에서 '생각을 함께 짜는 시대'로 바뀌었다. 막히면 검색하고 복사하던 일의 방식은, 이제 AI와의 대화로 출발선을 만드는 방식으로 전환되었다.

둘째, 혼자 고민하던 시간이 대화의 시간으로 바뀌었다. 판단하지 않고 정리해 주는 존재, 지치지 않는 대화 상대의 등장은 사고의 외로움을 크게 줄였다.

셋째, 배움의 속도와 방식이 달라졌다. AI는 정답을 주입하는 교사가 아니라, 눈높이를 맞추는 선배가 되었다.

넷째, '일 잘하는 사람'의 기준이 변했다. 이제 중요한 것은 얼마나 아느냐가 아니라, 무엇을 묻고 무엇을 고치느냐다. 기억력의 시대에서 판단력의 시대로 이동한 것이다.

이 변화는 우리의 하루를 가볍게 만들었다. 메일 작성 시간은 줄고, 막막함의 길이는 짧아졌다. 그리고 무엇보다, 혼자 끙끙대던 시간이 함께 생각하는 시간으로 바뀌었다.

AI는 삶을 대신 살아주지는 않는다. 다만 이렇게 말해준다. "혼자서 다 하려고 하지 않아도 된다." 그 말은 일의 무게를 덜고, 생각의 길을 넓혔다.

AI 앞에서 다시 묻는 질문, 시니어란 누구인가?

최근 현대차 노조의 휴머노이드 로봇 투입 반대 성명을 보며 '당랑거철'이라는 고사가 떠올랐다. 거대한 흐름은 막을 수 없다. 적응만이 답이다.

19세기 산업혁명 당시 러다이트 운동 이후에도 노동은 사라지지 않았다. 형태만 바뀌었다. 지금도 마찬가지다.

나 역시 2025년에 이르러서야 AI를 진지하게 바라보기 시작했다. 사내 교육과정에 AI 활용 교육을 도입했고, 직접 교육생으로 참여했다. 공동저자로 AI 관련 책 집필에 참여하며 사고의 폭도 넓어졌다.

처음에는 맞춤법 검수 수준이었지만, 점차 공고문 작성, 원고 다듬기, 아이디어 도출까지 활용 범위가 넓어졌다. 특히 사보 칼럼 집필은 큰 변화를 가져왔다. 과거 2~3주 걸리던 작업이 이제는 며칠이면 가능해졌다.

그러나 분명한 한계도 보였다. AI는 때로 현실과 동떨어진 답을 내놓는다. 결국 경험이 개입되어야만 결과는 '쓸 수 있는 것'이 된다. 바로 이 지점에서 시니어의 역할이 드러난다.

더욱 건강한 귀환을 위하여

이 휴식의 시간 동안 나는 네 가지를 다짐했다.

첫째, 서포터가 아닌 기획자이자 조정자로서의 HR 전문가가 되겠다. 관리의 리더십이 아니라 '정렬의 리더십'으로 조직을 바라보겠다.

둘째, AI와 디지털 역량으로 다시 무장하겠다. 우리는 몸을 개조하지는 않지만, 생각과 일을 보조하는 '두 번째 뇌'와 함께 살아가고 있다.

셋째, 나만의 전문성과 경험을 살리는 길을 탐색하겠다. 기존의 KSA지식·스킬·태도가 아닌 ASK질문 역량, 창의성, 그리고 현장 경험이 결합될 때 진짜 성과가 만들어진다.

넷째, 은퇴 이후의 삶을 준비하겠다. 희소성·전문성·융합성·확장성을 갖춘 역할, 특히 AI 윤리와 교육 영역에서 나의 경험을 이어가고 싶다.

지금 나는 겨울을 지나고 있다. 식단을 바꾸고, 몸을 단련하며, 생활을 재정렬하는 시간이다. 이 시간은 끝이 아니라 준비다. 엄동설한 속에서도 새싹은 봄을 준비한다. 이 겨울이 지나면, 나는 더 단단해진 시니어로 다시 현장에 설 것이다.

AI와 함께, '나'를 다시 디자인하다

가보경

흔들림 속에서 선택한 것, 멈추지 않기

필자는 디자이너로 일하며 100여 권 이상의 시니어 작가 책을 만들어 왔다. 원고를 읽고 디자인하는 과정은 한 사람의 시간을 따라가는 여정이었다. 짧은 문장 하나에도 지나온 선택과 책임이 담겨 있었고, 삶의 지혜가 스며 있었다.

북콘서트를 기획하고 진행하며 필자는 원고에 다 담기지 못한 이야기를 들었다. 글로는 표현되지 않던 감정이 목소리로 전해졌고, 표정에서는 어떤 삶을 지나왔는지가 보였다. 같은 문장도 누가 어떤 시간을 통과했는지에 따라 전혀 다른 무게를 갖는다는 사실이 그때 더 분명해졌다.

이 경험은 강의장에서 더 깊어졌다. 한국디지털문인협회에서 시니어 대상 AI 책쓰기 프로그램의 보조강사로 활동하며 시니어들을 가까이에서 만났다. 실습을 돕는 동안 들려온 이야기의 중심에는 늘 '경험'이 있었다. 직장에서 문제를 해결했던 방식, 사업이 뜻대로 되지 않을 때 버텨낸 방법, 사람과의 관계에서 부딪히고 조율해온 과정들. 어려움이 올 때마다 길을 찾아왔던 기록이었다.

필자는 여기서 확신하게 되었다. 시니어는 '나이'가 아니라 경험으로 판단 기준을 만들고, 그 기준으로 삶의 방향을 다시 세울 줄 아는 사람이라는 사실이다. 많은 시니어는 이미 알고 있었다. 앞으로 무엇을 붙잡고 무엇을 내려놓아야 삶이 흔들리지 않는지, 어디에 힘을 써야 결과가 나는지, 삶으로 체득한 나침반을 갖고 있었다.

'시니어의 귀환'이라는 말이 들렸을 때, 필자에게 귀환은 과거로 돌아가는 일이 아니었다. 축적된 경험으로 삶의 방향을 새롭게 정렬하고 다음 장을 시작할 준비가 된 상태였다. 그리고 그 태도가 예상치 못한 방식으로 필자에게도 필요해졌다.

작년, 예전에는 꾸준히 들어오던 홍보 디자인 의뢰가 거의 끊기다시피 했다. 프리랜서에게 일의 증감은 늘 있는 일이지만, 이번에는 결이 달랐다. 잠깐의 비수기가 아니라 작업 영역 자체가 좁아지는 느낌이 강했다.

변화는 주변에서 먼저 보였다. 필자가 알고 지내던 한 단체에서는 '미리캔버스'를 배워 직접 포스터를 제작하고 있었다. 그 모습을 보며 마음이 복잡해졌다. 홍보 디자인 의뢰 감소가 한 분야로 끝나지 않을 수 있다는 불안이 올라왔다. 책 편집 디자인까지 줄어들지 모른다는 생각이 머릿속에서 반복되었다.

그때 문득, 필자가 수많은 시니어에게서 반복해 보았던 장면이 떠올랐다. 어렵고 힘든 순간에도 그들은 멈추지 않았다. 상황을 탓하기보다 방향을 다시 잡고 다음을 준비했다.

필자도 멈추지 않기로 했다. 먼저 체력을 챙겼다. 테니스를 배우고 저녁에는 가볍게 러닝을 했다. 체력이 무너지면 마음도 무너진다는 사실을 이미 알고 있었기 때문이다. 동시에 AI를 공부하기 시작했다. AI 전문가를 따라다니며 기본을 익혔고, 개념이 보이기 시작한 순간부터는 곧바로 일에 적용했다. 결과가 마음에 들지 않으면 다시 질문했고, 다시 시도했다.

이 반복을 가능하게 한 것은 AI라는 도구 자체가 아니었다. '왜 안 될까'를 끝까지 파고드는 몰입이었다. 물론 쉬운 길은 아니었다. AI의 진화 속도는 빠르고, 새로운 도구와 서비스는 매일 등장했다. 그 속도는 부담이었지만, 뒤집어 생각하면 길이 아직 닫히지 않았다는 신호이기도 했다. 새로운 길이 계속 열리고 있다는 뜻이었다.

그러나 곧 또 다른 질문이 생겼다. AI가 많은 것을 만들어내는 시대에 디자이너는 무엇으로 '다름'을 만들어낼 수 있을까. 그 답을 찾는 과정에서 필자의 작업 방식은 다시 바뀌기 시작했다.

'찾는' 디자인에서 '만드는' 디자인으로

AI 이전의 작업 방식은 익숙했다. 이미지를 찾아 쓰는 방식이었다.

문제는 명확했다. 책의 분위기와 문장에 '딱 맞는' 이미지를 찾는 일은 생각보다 어려웠다. 비슷한 느낌은 있어도 정확히 원하는 장면은 드물었다. 결국 여러 사이트를 오가며 검색어를 바꾸고, 수십 장을 열어보고, 그중 가장 나은 것을 고르는 데 시간이 소요되었다.

필자에게 늘 선택지가 있었다. 다양성을 포기하고 기간을 맞출 것인가, 시간을 늘리고 품질을 얻을 것인가. 하지만 책이 나와야 하는 시간은 정해져 있었다. 특히 책 편집 디자인은 표지로 끝나지 않는다. 콘셉트의 분위기를 담은 내지, 내용을 살리는 이미지, 흐름을 끊지 않는 레이아웃까지 고려하면 작업시간은 늘 부족했다.

AI를 알게 된 후 가장 큰 변화는 이미지 접근 방식이었다. '찾는' 방식에서 '만드는' 방식으로 전환된 것이다. 필자가 실제로 사용한 도구는 ChatGPT와 Gemini였다. 목적은 명확했다. 이미지 생성 역량을 키워 작업의 폭을 넓히고, 퀄리티를 높이는 것이었다.

핵심은 질문 방식이었다. 단순히 "이런 이미지를 만들어줘"라고 말하면 결과는 흔들렸다. 반대로 요구사항을 구조로 나누고 기준을 구체화할수록 원하는 그림에 가까워졌다.

예를 들어 캐릭터를 기반으로 다양한 이미지가 필요할 때, 필자는 프롬프트를 분해했다.

첫째, 유지할 것부터 명시했다. 캐릭터의 느낌과 정체성을 유지하라고 요청했다.

둘째, 바꿀 것을 구체화했다. 행동은 화이팅 포즈, 표정은 힘찬 감정으로 정했다.

셋째, 금지 조건을 명확히 했다. 옷은 변형하지 말라고 못 박았다.

요구사항을 구조화하면 AI는 무엇이 중요한지 더 정확히 이해했다. 특히 이미지 수정이 필요할 때 '유지할 것'과 '바꿀 것'을 분리해 주면 결과의 방향이 변하지 않았다.

물론 생성 결과가 곧바로 완성품이 되는 경우는 드물었다. 형태의 어색함이나 세부 오류는 여전히 남았다. 그래서 필자는 포토샵으로 직접 수정했고, 텍스트와 그래픽을 합성해 최종 결과물을 완성했다. AI는 속도와 다양성을 제공했고, 필자는 디테일과 완성도를 책임졌다. 결과적으로 AI는 필자를 대체한 것이 아니라 성장시켰다.

결과가 증명한 것, 재디자인되는 나

변화는 결과로 증명되었다. 책 디자인의 요소가 더 풍성해졌고, 일러스트로 스토리를 담을 수 있게 되었다. 표지의 완성도도 전체적으로 올라갔다. 무엇보다 반가웠던 것은 작가들의 반응이었다. '표지가 너무 좋다', '책 분위기가 딱이다'라는 말이 늘었다.

한 출판사가 《춘향전》 일본어 번역 출판을 준비하며 표지에 "세련된 춘향이가 표현되었으면 좋겠다"는 요청을 했던 적이 있다. 필자는 직접 그린 춘향이 이미지를 바탕으로 AI를 활용해 표지뿐 아니라 내지까지 다양한 컷을 구성했다. 고전적인 춘향이가 아니라 현대적인 춘향이를 여러 장면으로 확장할 수 있었다. 완성 결과물에 대해 출판사 대표는 매우 만족하며 고맙다는 인사를 거듭 전했다.

또 다른 책 《비 온 뒤가 아니어도 무지개는 볼 수 있다》를 디자인할 때도 변화는 분명했다. 예전에는 제목의 의미를 혼자 오래 고민했다면, 이제는 AI라는 대화 상대와 함께 의미를 해석하고 레퍼런스를 탐색하며 방향을 빠르게 잡을 수 있었다. 그 과정에서 마블링 기법의 아이디어가 떠올랐고, 작가는 표지에 대한 만족을 여러 번 표현했다.

그리고 2026년 1월, 또 하나의 전환이 찾아왔다. 임원들을 대상으로 AI 강의를 할 기회가 생긴 것이다. 이 경험은 필자의 전문성이 '디자인'이라는 테두리 밖으로 확장될 수 있음을 보여주었다. 강의를 준비하며 필자는 과거의 기획서 작성, 트렌드 조사, PPT 제작 경험을 다시 꺼내 연결했고, AI와 함께 구성 방식을 점검하며 내용을 다듬었다. 강의는 현장에서도 '좋은 시간이었다'는 평가를 받았다.

돌이켜보면 필자가 해온 일은 하나로 연결되어 있었다. 디자인은 시각을 다루는 일이지만 본질은 메시지를 담는 일이다. AI와 협업해 핵심을 뽑고 흐름을 세우고 이미지를 설계하는 일이다. AI는 속도를 높여주는 도구였고, 필자의 경험은 방향을 잡아주는 나침반이었다.

그래서 이제 '디자인을 하는 사람'이라는 문장을 조금 넓혀 말할 수 있게 되었다. 디자이너는 이미지를 만드는 사람에만 머물지 않는다. 경험을 기반으로 메시지를 재발견하고, 최종적으로 결과를 완성하는 사람이다.

시니어의 귀환은 필자에게 과거로 돌아가는 일이 아니다. 지금까지 쌓아온 경험이라는 자산을 새로운 도구와 만나게 하고, 그 만남 속에서 자신을 다시 설계하는 과정이다. 필자는 지금 그 과정 안에 있다.

시니어의 귀환은 필자에게 AI라는 기회의 공간에서 '나를 재디자인 하며 성장하는 과정'이다. 시니어는 나이가 아니라 전문성과 방향성을 가진 존재임을 현장에서 확인했다. 의뢰 감소의 불안 속에서도 AI 학습에 몰입하며 작업 방식을 전환했다. '탐색'에서 '생성'으로 전환하고 경험을 성과로 증폭시키며 확장했다. 정보를 찾는 사람에서, 가치를 만들어내는 사람으로 이동한 것이다.

질문을 던지면 관점이 넓어졌고, 정리하면 구조가 선명해졌고, 반복하면 속도가 붙었다. 경험은 그대로였지만, 표현 방식과 생산 방식이 달라졌다. 그리고 그 변화는 곧 성과의 변화로 이어졌다.

시니어의 귀환은 과거의 명성을 회복하는 이야기가 아니다. 지금의 도구로, 지금의 언어로, 나의 전문성을 다시 증명하는 과정이다. 그래서 필자에게 AI는 기술이 아니라 성장의 촉매였다.

성과 이후의 삶을
다시 설계할 시간

PART 6

이제는, 잘 사는 법이 더 중요해졌다

AI는 최적의 답을 계산하지만, 삶은 항상 최적의 조건에서 움직이지 않는다. 그 사이를 잇는 건 판단이고, 그 판단의 근간에는 균형 감각이 있다.

성과를 내려면, 먼저 몸을 챙겨야 했다

어느 순간부터 성과 이야기를 하다 보면 몸 이야기가 함께 나온다. 예전 같으면 일과는 별개의 주제였을 말이다. 하지만 지금은 다르다. 성과를 오래 유지한 사람일수록 몸을 먼저 이야기한다.

"예전처럼은 안 됩니다."

이 말은 의욕이 사라졌다는 뜻이 아니다. 몸이 보내는 신호를 무시하지 않게 되었다는 의미이다. 필자가 현장에서 만난 많은 시니어들도 비슷한 지점에 도달해 있었다. 일을 못해서가 아니라, 몸의 리듬이 예전과 달라졌다는 걸 정직하게 인정하는 순간이다.

예전에는 밤을 새워도 버텼고, 며칠을 몰아서 일해도 큰 문제가 없었다. 성과는 체력으로 밀어붙일 수 있었다. 하지만 어느 시점부터 그 방식은 성과를 만드는 데 도움이 되지 않는다. 오히려 판단이 흐려지고, 집중력이 떨어진다. 이때부터 사람들은 일을 줄이는 대신 몸을 살피기 시작한다. 성과를 포기해서가 아니라, 성과의 방식을 바꾸기 위해서다.

"컨디션이 안 좋으면 결정도 미뤄야겠더라고요."

이 말은 나약함의 고백이 아니다. 경험에서 나온 판단이다. 몸 상태가 결정의 질에 직결된다는 걸 몸으로 배운 결과다. 시니어들의 공통점은 자기 몸의 신호를 데이터처럼 다룬다는 점이다. 피곤함, 집중력 저하, 짜증의 빈도. 이런 것들을 그냥 넘기지 않는다.

그래서 성과를 내려면 일정을 조정하기 전에 몸을 먼저 조정한다. 잠을 늘리고, 리듬을 정리하고, 회복 시간을 확보한다. 이 선택은 속도를 늦추는 것처럼 보이지만, 결과적으로는 성과를 더 오래 유지하게 만든다.

AI 시대에 이 변화는 더 분명해진다. 생각이 중요한 시대일수록 몸은 사고의 기반이 된다. 머리가 아니라 몸이 먼저 흔들리면, 아무리 좋은 도구가 있어도 제대로 쓰기 어렵다. 그래서 시니어들은 AI를 쓰면서도 자기 리듬을 먼저 본다. 무리한 학습보다 짧고 꾸준한 사용을 선택한다. 하루 5분이 여기서 다시 의미를 갖는다. 몸을 소모하지 않는 방식으로 사고를 확장하는 리듬이다.

성과는 의지만으로 만들어지지 않는다. 지속 가능한 상태에서만 쌓인다. 그래서 잘 사는 법은 성과와 멀어지는 일이 아니라, 성과를 가능하게 만드는 조건이다. 이제 사람들은 이렇게 말하기 시작한다.

"이 정도면 오늘은 충분합니다."

이 말은 물러섬이 아니다. 내일을 위한 정확한 계산이다. 그리고 이 지점에서 다음 질문이 이어진다.

"몸의 리듬을 넘어 우리는 무엇을 다시 붙잡아야 할까."

동양 인문학이 다시 필요해진 이유

　어느 순간부터 사람들은 답을 찾기보다 균형을 찾기 시작했다. 더 빠른 방법보다 덜 흔들리는 기준을 원하게 되었다. AI가 일의 속도를 높여줄수록 아이러니하게도 사람들은 멈추는 법을 묻는다. 어디까지 가야 하는지보다, 어디에서 멈춰야 하는지를 궁금해한다. 이 질문 앞에서 동양 인문학은 다시 말을 건다.

　동양 인문학은 정답을 주지 않는다. 대신 흐름을 본다. 이겨야 할 대상보다 조율해야 할 관계를 먼저 생각한다. 그래서 이 사유는 지금 시대와 묘하게 잘 맞는다.

　AI는 최적의 답을 계산하지만, 삶은 항상 최적의 조건에서 움직이지 않는다. 그 사이를 잇는 건 판단이고, 그 판단의 근간에는 균형 감각이 있다. 필자가 현장에서 만난 시니어들은 자연스럽게 이 감각을 다시 꺼내 든다. 성과를 내기보다 리듬을 지키는 선택, 앞서기보다 어긋나지 않는 선택을 한다.

　"지금은 조금 늦어도 괜찮습니다."

이 말은 포기의 선언이 아니다. 지속을 위한 판단이다. 동양 인문학은 이런 판단을 오래전부터 다뤄왔다. 과도함을 경계하고, 비어 있음의 가치를 말하며, 흐름에 맞게 자리를 잡는 법을 전해왔다. 그래서 지금, 이 사유는 지식이 아니라 생활의 기술로 돌아온다.

AI 앞에서 무엇을 더 할 것인가보다 무엇을 덜 할 것인가를 생각하게 만들고, 경쟁보다는 공존의 방향을 상기시킨다. 시니어들이 이 사유에 다시 기대는 이유도 여기에 있다. 새로운 걸 배우기보다 이미 몸에 배어 있던 감각을 다시 신뢰하기 시작했기 때문이다. 속도보다 방향이 중요해진 지금, 동양 인문학은 삶의 나침반 역할을 한다.이제 다음 질문은 조금 더 일상적이다.

"이 사유를 어떻게 삶 속의 습관으로 만들 수 있을까."

행복은 감정이 아니라, 반복되는 습관이었다

행복을 묻는 질문은 대개 감정에서 시작된다. 기분이 좋을 때, 마음이 편할 때, 모든 것이 잘 풀릴 때 행복하다고 느낀다. 하지만 시간이 지나면 사람들은 알게 된다. 그 감정은 오래 머물지 않는다는 것을 말이다.

필자가 현장에서 만난 시니어들 역시 이 지점에서 생각이 바뀌었다. 행복을 '느끼는 상태'로 두면 불안정해진다는 걸 경험으로 알게 된 것이다.

"기분이 좋아서 잘 사는 게 아니라, 잘 살고 있으니까 기분이 따라오더라고요."

이 말은 감정의 순서를 뒤집는다. 행복이 먼저가 아니라, 생활의 방식이 먼저다. 그래서 사람들은 조금씩 자기 하루를 들여다보기 시작한다. 큰 목표가 아니라, 반복되는 행동을 본다.

언제 자는지, 언제 쉬는지, 누구와 대화를 나누는지. 이 사소한 선택들이 하루의 결을 만든다. 행복은 특별한 순간에 생기지 않는다. 무너질 이유가 적은 하루가 반복될 때 조용히 자리 잡는다. 시니어들은 이 사실을 늦게가 아니라 제대로 배운다. 그래서 감정을 억지로 끌어 올리려 하지 않는다.

대신 흔들리지 않는 습관을 만든다. 무리하지 않는 일정, 과하지 않은 목표, 지속 가능한 리듬. AI를 쓰는 방식도 이 관점에서 달라진다. 더 많은 정보를 얻기보다, 하루를 정리하는 도구로 사용한다. 오늘 한 판단을 한 줄로 남기고, 내일 할 일을 과하지 않게 정리한다. 이 반복 이 쌓이면 감정은 조금 늦게 따라온다. 그 감정은 과하지 않지만, 쉽게 무너지지도 않는다. 행복은 기분 좋은 하루가 아니라, 견딜 수 있는 하루의 연속이다. 그래서 시니어들은 이제 이렇게 말한다.

"이 정도면 충분히 잘 살고 있습니다."

"이 삶의 리듬을 어떻게 건강하게 지켜갈 수 있을까."

AI와 함께 살아가는 시니어 건강의 기준

이철형

AI 시대, 관리가 늘수록 불안이 커지는 이유

강의를 마치고 나면 필자는 자주 같은 장면을 마주한다. 탁자를 정리하고 자료를 챙기는 동안, 질문을 할 듯 말 듯 망설이던 한 사람이 조심스럽게 다가오는 장면이다. 그 표정에는 질문보다 먼저 시간이 담겨 있다. 몸이 불편해진 기간, 병원을 오간 시간, 혼자 삼켜 온 생각들이 고스란히 읽힌다.

"교수님, 저는 당뇨도 있고 고혈압도 있고 고지혈증도 있습니다. 병명이 너무 많아져서 이제는 제 몸을 어떤 기준으로 봐야 할지 모르겠습니다."

이 말은 수십 년간 시니어를 대상으로 건강을 강의하고 상담해 온 필자가 가장 자주 듣는 고백이다. 대부분은 할 수 있는 일은 이미 충분히 해 왔다. 정기적으로 병원을 다니고 검사를 받고 약도 성실히 복용해 왔다. "수치는 잘 관리되고 있다"는 말을 여러 번 들었다. 그런데도 일상은 점점 불편해졌다고 말한다. 아침에 일어날 때 몸이 무겁고, 잠은 얕아졌고, 조금만 움직여도 쉽게 지친다고 한다.

이런 불편을 말하면 돌아오는 대답은 대체로 비슷하다. "그 나이엔 그럴 수 있다"는 말이다. 강의실을 둘러보면 이 말에 고개를 끄덕이는 사람이 적지 않다. 만성 통증, 깊지 않은 수면, 이유 없는 피로, 소화 장애, 어지럼, 균형 불안. 각각의 증상은 설명되지만, 이 모든 상태를 '하나의 몸'과 '하나의 삶'으로 묶어 설명해 주는 기준은 좀처럼 제시되지 않는다. 필자가 말하고 싶은 핵심은 여기서 시작된다. 시니어의 건강은 "증상이 늘어나는 문제"가 아니라 "기준이 사라지는 문제"가 되는 순간이 많다는 점이다.

우리는 지금 AI 시대를 산다. 정보는 즉시 검색되고 판단은 자동으로 추천되며 속도와 효율이 생활의 중요한 기준이 되었다. 건강도 예외가 아니다. 혈압과 혈당은 자동으로 기록되고, 수면은 점수로 환산되며, 몸 상태는 그래프로 한눈에 확인된다. 약 복용 시간은 알림으로 관리되고 보행 수와 운동량도 숫자로 정리된다. 건강은 점점 더 정밀하게 '관리'된다.

그런데도 강의실에서 만나는 시니어의 얼굴은 오히려 더 불안해 보일 때가 많다. 관리는 늘었는데, 몸에 대한 확신은 줄어든 모습이다. 관리 시스템이 많아질수록 "내 몸을 어떻게 읽어야 하는가"는 더 어려워지는 역설이 발생한다. 여기서 한 가지 질문이 분명해진다.

AI와 함께 살아가는 시대에 시니어는 무엇을 AI에게 맡기고, 무엇을 끝까지 스스로 지켜야 하는가. 이 질문에 답하지 않으면 건강 관리는 편리해질 수 있어도 삶의 감각은 점점 멀어진다.

AI에게 맡겨도 되는 기준, 그러나 그대로 믿어서는 안 되는 영역

필자는 현장에서 분명히 말하고자 한다. AI에게 맡길 수 있는 영역은 과감히 맡겨도 된다. 혈압·혈당 같은 수치 기록, 약 복용과 병원 일정 알림, 보행 수·운동 횟수 같은 반복 데이터 관리는 AI가 사람보다 정확하고 꾸준하다. 최근에는 증상을 입력하면 가능한 원인이나 주의할 점을 정리해 주고, 추가로 확인해 볼 질문까지 안내해 주기도 한다. 이 지점까지는 분명 도움이 된다.

하지만 바로 여기에서 한 번 멈출 필요가 있다. AI가 제공하는 것은 '의문을 정리해 주는 자료'이지 '진단과 판단 그 자체'가 아니다. 같은 증상이라도 사람마다 몸의 상태와 배경은 다르고, AI는 실제 몸의 반응까지 포함해 판단하지 못한다. 그러므로 AI는 이렇게 써야 한다.

AI에게는 "이런 가능성이 있다"는 정리와 안내까지 맡긴다. 그러나 "그래서 지금 이 판단이 맞는가"라는 최종 확인은 반드시 전문가와 함께 한다. AI가 정보를 넓혀 주는 도구라면, 전문가는 그 정보의 의미와 위험을 현실의 몸에 대입해 검증하는 존재이다. 이 경계를 분명히 알고 사용하는 것이 AI 시대 시니어 건강의 첫 번째 기준이다.

끝까지 스스로 지켜야 할 기준, 정보보다 앞서는 몸의 감각

그렇다면 끝까지 스스로 지켜야 할 기준은 무엇인가. 오늘은 쉬어야 할지, 조금 움직여도 괜찮을지, 이 불편이 참고 넘길 일인지 아니면 도움을 받아야 할 신호인지 판단하는 기준이다. 이 판단은 아직까지 어떤 AI도 대신할 수 없다.

중요한 점은 시니어가 이 영역에서 결코 부족하지 않다는 사실이다. 오히려 충분하다. 시니어는 오랫동안 몸의 신호를 참고 견디며 살아왔다. 아프면 참았고, 힘들어도 버텼고, 넘어질까 늘 스스로를 조심해왔다. 그래서 숫자보다 먼저 몸의 미세한 변화와 불안을 느낄 수 있는 감각을 이미 가지고 있다. 문제는 그 감각이 사라진 것이 아니라 너무 오래 무시되어 왔다는 점이다. 숫자만 바라보는 습관이 몸의 감각을 뒤로 밀어냈고, 그 결과 "관리"는 늘었는데 "확신"은 줄어든 것이다.

약해진 몸이 아니라, 버텨 온 몸

필자는 한 가지 결론에 이르게 된다. 많은 시니어의 몸은 '나이가 들어 자연히 약해진 몸'이 아니다. 오히려 너무 오랫동안 버텨 온 몸이다. 허리가 아픈 것은 허리가 약해서가 아니라 몸의 중심을 오랫동안 대신 맡아 왔기 때문이다. 잠이 깊지 않은 것은 나이가 들어서가 아니라 밤에도 긴장을 풀지 못한 채 버텨 왔기 때문이다.

이렇게 나타나는 통증과 피로, 불안은 없애야 할 문제가 아니라 몸이 보내는 중요한 신호이다. 이 신호를 이해하기 시작할 때 몸은 다시 조절을 배우기 시작한다. 시니어 건강의 두 번째 기준은 여기서 나온다. '증상을 없애는 목표'보다 '신호를 읽는 기준'을 회복하는 일이 먼저이다.

최소한의 여유와 힘을 만드는 3가지 실천

몸을 지탱하는 최소한의 힘과 모든 것을 붙잡지 않는 여유가 남아 있다면 삶은 무너지지 않는다. 그렇다면 질문은 이것이다.

"그 최소한의 여유와 힘은 어떻게 만들어지는가."

답은 의외로 단순하다. 무언가를 더 해야 해서가 아니라 덜 붙잡는 연습에서 시작된다.

첫째, 몸의 모든 불편을 당장 없애려 하지 않는다. 통증이나 피로를 느끼면 "왜 또 이러나"라고 몰아붙이기보다 "지금 몸이 조금 쉬고 싶다는 신호이다"라고 받아들이는 연습을 한다. 신호를 적으로 만들지 않으면 불안이 줄어든다.

둘째, 하루 중 한 번은 몸을 내려놓는 시간을 만든다. 아무것도 하지 않는 시간이 아니라 숨을 가슴이 아니라 배까지 내려보내는 시간이다. 몇 분이면 충분하다. 이 짧은 시간이 긴장을 풀고 중심을 다시 세우는 출발점이 된다.

셋째, 할 수 있는 만큼만 한다는 기준을 세운다. 예전만큼 못 한다는 생각보다 "지금 이 정도면 충분하다"는 기준이 몸을 안정 쪽으로 돌린다. 기준이 생기면 몸은 불안 대신 회복 쪽으로 반응하기 시작한다.

이 세 가지는 거창한 처방이 아니다. 그러나 이 단순한 기준이 생기면 관리가 삶을 지배하지 않고, 삶이 관리를 이끈다. AI는 수치를 돕고, 전문가는 판단을 검증하고, 시니어는 몸의 감각을 지킨다. 이 균형이 AI 시대 건강의 핵심 구조이다.

시니어의 귀환은 더 애쓰는 일이 아니다

시니어의 귀환은 젊어질 것을 목표로 하는 일이 아니다. AI를 완벽히 활용해야 하는 일도 아니다. 정보는 AI에게 도움을 받고, 판단은 전문가와 함께 확인하되, 몸의 신호를 느끼고 받아들이는 기준만은 끝까지 놓지 않는 일이다. 그것이면 충분하다.

몸을 지탱하는 힘이 아직 남아 있고, 모든 것을 붙잡지 않아도 괜찮다는 마음이 있다면 삶은 쉽게 무너지지 않는다. AI 시대의 건강은 '완벽한 관리'가 아니라 '분명한 기준'에서 시작된다. 시니어의 귀환은 필자에게, 몸의 신호를 다시 기준으로 세우고 AI를 도구로 삼아 삶의 균형을 회복하는 순간이다.

AI는 수치 기록과 일정 관리에 강하지만, 진단과 최종 판단은 아니다. 시니어 건강의 핵심은 숫자보다 앞서는 몸의 감각과 기준을 회복하는 일이다. AI-전문가-자기 감각의 균형이 AI 시대 시니어 건강의 기준이다.

AI 시대, 철학은 대체되지 않는다. 더 깊어질 뿐이다

이준자

오랜 시간 공들인 학문이 오해받고 있다는 순간의 역발상

필자는 오랜 시간 동양 고전을 공부해 왔다. 《논어》, 《맹자》, 《대학》, 그리고《중용》은 필자의 삶의 배경이었고 사유의 기준이었다. 그 텍스트들은 단지 읽고 해석하는 대상이 아니라, 살아가며 끊임없이 스스로에게 질문을 던지는 삶의 동반자였다.

어떤 선택의 기로에 설 때마다, 관계의 갈등 앞에서 판단이 흔들릴 때마다 필자는 다시 고전의 문장으로 돌아가 스스로를 비추어보곤 했다. 그래서 한 번도 의심한 적이 없었다. 이 공부가 언젠가 불필요해질 것이라는 생각을 해본 적이 없었다.

인간이 살아가는 한 선택과 책임, 관계와 판단의 문제는 사라지지 않으며, 바로 그 질문의 중심에 인문학과 철학이 놓여 있다고 믿어 왔다. 오히려 시대가 복잡해질수록, 기술이 삶 깊숙이 들어올수록 사람에게는 더 분명한 기준과 방향이 필요해질 것이라고 생각했다. 그 기준을 묻는 학문이 바로 인문학이다.

다만 AI라는 이름의 거대한 변화 앞에서 주변의 공기가 달라졌다는 느낌은 분명했다. 기술은 예상보다 훨씬 빠르게 발전했고, 사람들은 점점 더 짧고 즉각적인 답을 선호하기 시작했다. 깊이 생각하고 맥락을 음미하며 말 사이의 여백을 읽는 일은 어느새 느린 것, 비효율적인 것처럼 여겨졌다. 마치 철학은 현실과 동떨어진 것이고, 인문학은 지금 시대에 꼭 필요하지 않은 것처럼 말하기도 했다.

그러나 그때 필자의 마음속에 떠오른 질문은 공부 자체에 대한 회의가 아니었다. 이 사유가 틀렸는가가 아니라, **이 사유가 지금 제대로 전달되고 있는가**에 대한 물음이었다. 즉, 동양 인문학이 낡았다고 느낀 적은 없었다. 오히려 이런 시대에 더 절실히 필요해질 것이라는 확신이 있었다. AI가 빠른 답을 제시할수록 인간은 무엇을 기준으로 판단할 것인지를 더 깊이 묻게 될 것이기 때문이다.

그래서 필자의 마음속에 하나의 질문이 조용히 자리 잡기 시작했다.

"이 사유를 지금의 언어로 어떻게 다시 풀어낼 것인가?"

그 질문은 필자가 뒤로 물러나야 할 이유가 아니라, 다시 앞으로 나아가야 할 이유가 되었고, 마침내 '시니어의 귀환'이라는 역발상을 하게 된 출발점이 되었다.

동양 인문학은 원래 정보 전달이 아닌 사유의 학문이다

곰곰이 돌아보면 동양 인문학은 애초에 정보를 많이 전달하는 학문이 아니다. 정답을 빠르게 제시하는 학문도 아니다. 그것은 언제나 **사유의 학문**이었다. 어떻게 살아야 하는가, 어떤 선택이 옳은가, 관계 속에서 어떤 태도를 취해야 하는가라는 질문은 수천 년이 지난 오늘에도 결코 가볍게 다룰 수 있는 문제가 아니다. 오히려 시대가 복잡해질수록, 선택의 결과가 더 큰 책임으로 돌아올수록 이러한 사유는 더욱 자주, 더 깊이 제기되어야 한다.

AI는 놀라울 만큼 많은 정보를 제공해 준다. 검색 몇 번이면 방대한 자료가 손에 들어오고, 수많은 선택지와 해답이 동시에 제시된다. 그러나 그 정보가 지금 이 순간 개인에게 어떤 의미를 갖는지, 이 선택이 나와 타인, 그리고 공동체에 어떤 파장을 남길지는 대신 판단해 주지 않는다.

바로 그 지점에서 동양 인문학은 다시 힘을 얻게 된다. AI가 강해질수록 인간의 해석과 통찰, 맥락을 읽는 능력은 더욱 중요해지며, 그 능력은 오랜 시간 사유해 온 사람들에게 깊이 축적되어 있다. 이것이 바로 시니어의 경험이 다시 호출되는 이유다.

시니어의 경험은 사라지는 것이 아니라 농축되는 것이다

우리는 종종 시니어의 경험을 이미 지나간 것, 낡은 것으로 오해한다. 시대가 달라졌다는 이유로 더 이상 쓸모없어졌다고 말하기도 한다. 그러나 경험은 시간이 지나며 사라지는 것이 아니라, 오히려 서서히 **농축되는 것**이다.

젊을 때는 보이지 않던 관계의 결, 단기 성과 뒤에 숨어 있는 위험, 말 한마디가 조직과 사람에게 미치는 영향은 오랜 시간 사람과 일, 실패와 선택을 겪어본 사람만이 체득할 수 있다.

한편 AI는 방대한 데이터를 학습할 수 있지만, 삶을 살아볼 수는 없다. 책임의 무게를 감당해 본 적도 없고, 선택 이후의 결과를 오래 안고 살아본 적도 없다. 그래서 필자는 이제 확신한다. 시니어의 오랜 사유와 경험은 AI 시대에 오히려 **희소한 자산**이 될 것이라고. 문제는 그 가치가 사라진 것이 아니라, 아직 제대로 설명되지 않았다는 데 있다.

'시니어의 귀환'이 말하는 복귀란 바로 이 농축된 경험을 다시 드러내고, 사회 속에서 다시 작동하게 만드는 일이다.

AI는 철학을 대체할 수 없다

처음 AI를 접했을 때 필자 역시 조심스러웠다. 이 도구가 필자를 대신하는 것은 아닐지, 오랜 시간 쌓아온 공부와 사유를 단순화시키지는 않을지 우려했다. 특히 인문학과 철학처럼 맥락과 깊이를 중시하는 영역에서는 기술의 개입이 더욱 신중해야 한다고 생각했다.

그러나 실제로 AI를 사용해 보면서 그 두려움은 점차 사라졌다. 이유는 분명했다. **AI는 결코 철학을 대신하지 않기 때문**이다. AI는 정답을 제시하지 않았다. 대신 생각의 초안을 내놓고, 다른 구조와 표현의 가능성을 보여주었다. 무엇이 옳은지, 어떤 맥락이 중요한지, 어디에서 멈추어야 하는지는 끝내 필자의 사유와 판단의 몫이었다.

필자는 AI에게 질문을 던졌다. 복잡한 개념을 어떻게 풀어낼 것인지, 설명의 순서는 적절한지, 지금의 독자가 어디에서 막힐지를 점검하는 데 이 도구를 활용했다. 설명의 구조를 실험했고, 문장의 결을 다듬었으며, 자신의 사유를 비추어보는 거울처럼 사용했다.

그 과정에서 분명한 사실을 발견했다. **AI는 사유의 주인이 아니라, 사유를 증폭시키는 도구**라는 점이다. 기술은 본래 차갑다. 그러나 그것을 사용하는 방식은 얼마든지 따뜻해질 수 있다. AI를 활용하면서 글을 쓰는 속도는 빨라졌지만, 글에 담긴 질문은 오히려 더 깊어졌다. 강의 자료를 준비하는 시간은 줄었지만, 청중과 나누는 대화의 밀도는 한층 높아졌다.

이 변화의 핵심은 기술 그 자체가 아니다. 이미 필자가 가지고 있던 사유와 경험이 기술을 만나 확장되었을 뿐이다. 시니어에게 필요한 것은 처음부터 다시 배우는 용기가 아니라, 이미 충분히 쌓아온 것을 **다른 방식으로 펼쳐보는 시도**다. AI는 새로운 출발선이 아니라, 이미 걸어온 길을 더 멀리 이어주는 도구다.

방향을 정하고 의미를 부여하는 일은 기술이 아니라 인간의 역할이며, 그 역할을 가장 잘 수행할 수 있는 사람은 오랜 경험과 판단의 시간을 거쳐온 시니어다.

시니어의 귀환은 회귀가 아닌 확장의 의미다

시니어의 귀환은 과거로 돌아가는 일이 아니다. 젊어지려 애쓰는 일도 아니다. 그것은 오랜 시간 축적해 온 경험과 사유를 지금의 언어로, 지금의 도구로 **다시 확장하는 일**이다.

동양 인문학은 AI 시대에 적합한 콘텐츠 중 하나다. 왜냐하면 그것은 속도를 다루는 학문이 아니라 **방향을 다루는 학문**이기 때문이다. 그리고 방향을 아는 사람은 언제나 필요하다. 시니어의 귀환이 말하는 주인공은 바로 그 방향을 오랫동안 고민해 온 사람들이다.

만약 지금 '내가 가진 것이 아직 의미가 있을까'라는 질문을 하고 있다면, 필자는 이렇게 말하고 싶다.

"이미 충분히 가지고 있습니다."

"다만 그 가치를 다시 펼칠 새로운 방식이 필요할 뿐입니다."

AI는 그 방식을 조용히 도와줄 수 있지만, 무엇을 전할지, 어떤 질문을 붙들지는 여전히 당신의 몫이다. 시니어의 귀환은 철학이 사라지지 않았음을 증명하는 일이자, 경험이 다시 성과로 확장되는 순간이다.

"시니어들이여, 다시 일어납시다."

AI와 함께,
행복을 다시 설계하다

변상록

역할 상실의 불안을 다루는 법

은퇴 이후, 행복은 기다리는 것이 아니라 디자인하는 것이다. 정년 퇴임은 누구에게나 인생의 큰 전환점이다. 많은 사람들은 은퇴를 맞아 "이제 편히 쉬면 된다"고 말하지만, 은퇴 이후의 마음은 그리 단순하지 않다.

시간이 넉넉해졌음에도 마음은 가볍지 않고, 자유가 생겼음에도 삶의 중심이 흔들리는 느낌을 받는다. 이는 개인의 나약함이 아니라 삶의 구조가 재편되는 과정에서 나타나는 자연스러운 심리 반응이다.

특히 오랜 시간 사회적 역할과 직업 정체성에 기반해 살아온 사람에게 은퇴는 단순히 일을 내려놓는 사건이 아니다. 그것은 나를 규정해 오던 틀이 바뀌는 경험이며, 삶의 의미 체계가 다시 흔들리는 전환기이다. 무엇을 잃었는가에 머무르면 공허감은 깊어진다. 그러나 무엇을 다시 만들 것인가로 관점을 전환하는 순간, 행복은 새롭게 디자인되기 시작한다. 필자는 이 전환의 과정을 '시니어의 귀환'이라 부른다.

은퇴 직후 가장 크게 찾아온 감정은 해방감이 아니라 불안감이었다. 오랜 시간 교수라는 역할 속에서 살아온 필자에게 강의와 연구, 학생들과의 관계, 학회 활동이 멈추는 순간은 나의 일부가 사라지는 듯한 경험이었다. 하루를 채우던 구조가 사라지자 마음속에는 질문이 떠올랐다. 이제 나는 무엇을 할 수 있을까, 내 삶의 의미는 어디에서 찾아야 할까, 나는 여전히 가치 있는 사람인가라는 질문이다.

이 시기의 불안은 단순한 걱정이 아니다. 정체성이 흔들릴 때 나타나는 심리적 공백이다. 행복심리학 관점에서 행복은 일시적인 기분이나 운이 아니다. 의미, 관계, 강점, 몰입, 성취, 긍정 정서가 함께 자라나는 삶의 시스템이다. 은퇴는 이 시스템의 연결을 끊어버릴 수 있는 사건이며, 그 결과 유능감과 관계성의 감각이 약해지기 쉽다. 그래서 은퇴는 '시간이 생긴 사건'이 아니라 '의미의 구조가 흔들린 사건'으로 체감되곤 한다.

그러나 한 가지는 분명하다. 이 불안은 끝이 아니라 재구성의 시작을 알리는 신호일 수 있다는 점이다. 불안은 반드시 제거해야 할 적이 아니라, 삶의 방향을 다시 점검하도록 요구하는 각성 장치이다. 문제는 불안을 없애느냐가 아니라, 그 불안을 어떻게 해석하느냐에 있다.

필자는 질문을 바꾸기로 했다. 이 불안은 내 삶이 다시 성장하려 한다는 신호가 아닐까, 이 전환기에서 내가 회복해야 할 심리 자원은 무엇일까 라는 질문이다. 바로 그 지점에서 시니어의 귀환은 시작된다. 은퇴는 역할의 종료가 아니라 정체성을 새롭게 디자인해야 하는 시기이다. 삶의 한 장이 닫히는 순간은 동시에 다음 장을 스스로 써 내려가야 할 출발점이 된다.

자료 정리와 배움의 회복

불안을 다루기 위해 필자가 선택한 첫 행동은 거창하지 않았다. 평생 쌓아온 연구와 경험을 다시 꺼내 정리하는 일이었다. 은퇴 이후의 행복, 노후 심리, 인간관계, 자아실현과 관련된 자료를 분류하고 핵심을 기록했다. 놀랍게도 자료를 정리하는 과정 자체가 마음을 정리해 주었다. 흩어져 있던 지식과 경험이 서로 연결되면서 삶의 흐름 또한 서서히 정돈되기 시작했다.

은퇴 후 많은 사람들은 "이제 나는 할 수 있는 것이 없다"고 느낀다. 그러나 실제로는 능력이 사라진 것이 아니라 사용하던 무대가 바뀐 것뿐이다. 필자는 자료를 정리하며 자신의 강점을 다시 확인할 수 있었다. 분석하고 구조화하는 능력, 사람의 마음을 이해하는 통찰, 그리고 현장의 경험을 연구와 실천으로 연결하는 힘이다. 강점은 사라지지 않는다. 다만 다시 쓰일 자리를 찾지 못해 잠시 멈춰 있었을 뿐이다.

자료 정리에서 중요한 것은 단순한 저장이 아니라 의미를 부여하는 작업이다. 필자는 자료를 읽으며 스스로에게 질문을 던졌다. 이 연구는 은퇴 후 삶의 어떤 문제를 다루는가, 사람들이 실제로 가장 힘들어하는 지점은 무엇인가, 이 내용을 내 삶과 프로그램에 적용하면 무엇이 달라질 수 있는가라는 질문이다. 이 질문 과정은 "나는 끝났다"라는 해석을 "나는 새롭게 구성 중이다"로 바꾸는 전환을 만들었다. 해석이 바뀌면 감정이 바뀌고, 감정이 바뀌면 행동의 방향도 바뀐다.

또 하나의 전환점은 교육 프로그램 참여였다. 필자는 강의와 토론의 자리에 참여하며 다양한 시니어들의 이야기를 들었다. 그 경험은 관계성을 회복시키는 계기가 되었고, "나만 이런 것이 아니다"라는 정서적 안정도 제공했다.

관계가 회복되면 마음도 함께 회복된다. 무엇보다 중요한 변화는 배움이 다시 삶의 리듬이 되었다는 점이다. 은퇴 이후의 삶을 휴식으로만 정의하면 사람은 쉽게 무기력에 빠진다. 그러나 배움을 삶 안으로 들이면 성장의 감각이 돌아온다.

필자는 하루에 조금씩 정리하고, 배우고, 기록하는 작은 행동을 반복했다. 작은 행동이 감정을 바꾸고, 바뀐 감정이 다시 행동을 강화하는 선순환이 만들어졌다. 필자는 그 선순환이 은퇴 이후의 삶에서도 작동함을 경험으로 확인했다.

AI와 디지털 도구로 행복의 구조를 빠르게 세우다

필자는 디지털 도구, 특히 AI 도구를 삶과 연구에 결합하기 시작했다. 많은 사람들은 AI를 젊은 세대의 기술로 인식하지만, 필자는 오히려 시니어에게 더 강력한 도구가 될 수 있다고 보았다. 시니어는 이미 오랜 경험과 축적된 지혜라는 자산을 가지고 있으며, AI는 그 자산을 빠르게 정리하고 확장해 주는 촉진제 역할을 하기 때문이다.

필자는 AI를 활용해 최신 논문과 연구 동향, 관련 뉴스 자료를 요약하고 비교했다. 은퇴 후 행복 연구의 최근 흐름을 정리하고, 삶의 만족도를 높이는 요인을 비교하며, 관계 만족과 의미감이 커지는 조건을 한 페이지로 구조화하도록 요청했다. AI는 방대한 정보를 짧은 시간 안에 정리해 주었다.

그러나 한 가지 원칙은 분명했다. AI의 답은 완성본이 아니라 초안이라는 점이다. 필자는 AI가 만든 초안을 바탕으로 자신의 경험과 직관을 더해 의미를 재구성했다. AI는 속도를 높였고, 필자는 관점을 더했다. 이 조합은 은퇴 이후 삶의 디자인을 훨씬 단단하게 만들어 주었다.

AI를 활용하기 전에는 자료 조사와 분석에 하루가 걸리기도 했다. 이제는 짧은 시간 안에 전체 흐름을 파악하고 중요한 지점에 집중할 수 있게 되었다. 이렇게 확보된 시간과 에너지는 다시 삶의 웰빙을 높이는 데 투자되었다. 더 중요한 변화는 몰입의 회복이었다.

사람은 아무 생각 없이 편할 때만 행복해지는 것이 아니다. 오히려 집중하며 깊이 빠져드는 순간에 활력을 얻는다. AI 덕분에 자료 탐색과 정리의 부담이 줄어 들자, 필자는 더 깊이 있는 탐구와 글쓰기, 프로그램 기획에 몰입할 수 있었다. 몰입은 삶의 활력을 되살리고, 그

활력은 다시 의미를 강화한다.

결국 AI는 삶을 대신 살아주지 않는다. 그러나 삶을 디자인하도록 돕는 도구가 될 수는 있다. 특히 시니어에게 AI는 '늦은 기술'이 아니라 경험을 증폭시키는 기술이다. 경험, AI, 실천이 결합될 때 은퇴 이후의 행복은 더 빠르게 구조화될 수 있다.

은퇴는 끝이 아니라 전환이다. 전환기에 찾아오는 불안과 공허감은 잘못이 아니라 삶이 새로운 방향을 요구하고 있다는 신호이다. 우리가 해야 할 일은 불안을 없애는 것이 아니라, 그 불안을 행복을 디자인하는 에너지로 전환하는 일이다.

필자는 행복의 구조를 다섯 축으로 정리해 제안하고자 한다.

첫째, 긍정 정서이다. 삶에 따뜻한 감정을 회복하는 일이다.

둘째, 몰입이다. 의미 있는 활동에 깊이 들어가는 경험이다.

셋째, 관계이다. 연결과 소속감을 회복하는 일이다.

넷째, 의미이다. "나는 왜 사는가"라는 질문에 스스로 답하는 과정이다.

다섯째, 성취이다. 작더라도 목표를 이루며 자신감을 세워가는 경험이다.

은퇴 이후 이 다섯 축을 다시 세우는 과정이 곧 시니어의 귀환이다. 역할은 사라질 수 있으나 의미는 다시 만들 수 있다. 젊음은 줄어들어도 지혜와 생성성은 오히려 커질 수 있다. 이것이 시니어가 가진 힘이다.

시니어의 귀환은 끝이 아니라, AI와 융합된 행복한 삶을 다시 디자인하는 시작이다. 은퇴 이후의 불안과 공허감은 문제가 아니라 전환기에 나타나는 자연스러운 신호이다. 행복은 기다리는 결과가 아니라 의미와 강점을 다시 연결하며 스스로 디자인하는 삶의 구조이다. 시니어에게 AI는 늦은 기술이 아니라 경험과 지혜를 증폭시키는 확장의 기술이다.

붓을 놓지 않고,
다시 삶의 중심으로

전현숙

AI 앞에서 흔들린 순간, 시니어의 자리를 묻다

필자는 삼십 년이 넘는 시간 동안 서예와 문인화를 하며 살아왔다. 세상이 빠르게 변하는 동안에도 필자의 하루는 크게 달라지지 않았다. 먹을 갈고, 종이를 펼치고, 붓을 들고, 한 획 한 획 천천히 써 내려가는 일이다. 누군가에게는 느리고 비효율적인 방식일지 모르지만, 필자에게 그 시간은 늘 삶의 중심이었다. 서두르지 않고 건너뛰지 않으며, 손끝의 감각을 믿고 작업해 온 시간이다.

그러나 어느 순간부터 세상은 전혀 다른 속도로 움직이기 시작했다. AI가 등장했고, 기계가 글씨를 쓰고 그림을 그리고 문장을 만든다는 이야기가 더 이상 낯설지 않게 들려왔다. 그때 필자의 마음속에 가장 먼저 떠오른 감정은 기대가 아니라 혼란이었다. "이제 시니어의 자리는 정말 끝난 걸까.” 이 질문은 필자 개인의 불안이자 같은 시대를 살아온 많은 시니어의 마음을 대변하는 물음이었다.

한동안 ‘시니어’라는 말은 뒤처짐과 동의어처럼 사용되었다. 느리다, 어렵다, 따라가기 힘들다는 언어가 시니어를 둘러쌌다. 새로운 기술과 변화의 흐름 속에서 시니어는 늘 한 발 뒤에 서 있는 존재로 그려졌다. 필자 역시 그 시선에서 완전히 자유롭지는 않았다. AI 이야기가 나올 때마다 마음 한편이 낯설었고, 그 열기에 자연스럽게 동참하기보다는 한 걸음 물러서서 바라보는 쪽에 가까웠다.

그러나 시간이 지나며 필자는 깨닫게 되었다. 문제는 시니어가 변화에 늦는 것이 아니라, 시니어에게 어울리지 않는 방식으로 변화를 요구받고 있다는 점이다. 속도로 평가받는 환경에서 시니어는 불리해 보일 수 있다. 하지만 시니어의 강점은 속도가 아니라 기준이다. 무엇을 남기고 무엇을 버릴지, 어디에서 멈추고 어디로 나아갈지, 그 판단의 기준을 오랜 시간 쌓아 온 세대이기 때문이다.

필자는 AI를 직접 마주해 보기로 했다. 사립학교 교직원 퇴직자를 대상으로 한 AI 강의에 참여하면서 처음으로 AI라는 존재를 가까이에서 접하게 되었다. 기술을 정복하겠다는 생각도, 젊은 세대처럼 속도를 내겠다는 욕심도 없었다. 그저 알고 싶었다. 이 변화가 정말로 시니어를 밀어내는 것인지, 아니면 전혀 다른 역할을 요구하는 것인지 알고 싶었다. 외면한다고 해서 사라질 문제는 아니었다. 오히려 외면할수록 불안은 커졌다. 그래서 필자는 결심했다. 좋아하지는 않더라도 피하지는 말자. 직접 보고, 직접 써보고, 그다음에 판단해 보자고.

AI는 '붓'이 아니라 '거울'이다: 선택은 여전히 인간의 몫이다

AI를 처음 접했을 때 필자는 솔직히 실망했다. 화면에 나타난 글씨와 그림은 제법 그럴듯했지만, 오래 바라보고 싶지는 않았다. 형태는 맞아 보였지만 그 안에는 필자가 수십 년 동안 몸으로 익혀 온 긴장과 숨결이 없었다. 그때 필자는 한 가지를 분명히 느꼈다. AI는 '만드는 힘'은 있어도 '왜 만들어야 하는지'에 대한 이유는 갖고 있지 않다는 사실이다.

이 깨달음은 필자에게 중요한 전환점이 되었다. AI는 시니어를 밀어내는 존재가 아니라, 시니어가 가진 경험의 가치를 다시 드러내는 장치일 수 있겠다는 생각이 들었기 때문이다. AI는 결과를 빨리 만들어 낸다. 그러나 그 결과가 무엇을 의미하는지, 어떤 삶의 결을 담는지, 어떤 책임을 품는지는 스스로 판단하지 못한다. 결국 '의미'는 여전히 인간에게 남아 있다. 그 의미를 가장 단단히 품고 있는 사람은 오랜 시간 선택과 책임을 지나온 시니어이다.

필자는 AI를 계속 사용해 보며 관점이 조금씩 달라지기 시작했다. 처음에는 '대체될까 봐' 두려웠지만, 시간이 지나면서 AI는 생각보다 다른 자리에 있다는 것을 알게 되었다. AI는 작가가 아니었다. 대신 끊임없이 질문을 던지는 존재였다.

"이렇게도 해볼 수 있지 않을까요."

"이 문장을 조금 바꾸면 느낌이 달라질 것 같지 않나요."

AI는 수많은 가능성을 보여주었지만, 그중 어느 것도 스스로 선택하지는 않았다. 선택은 언제나 필자의 몫이었다.

이때 필자는 분명히 느꼈다. AI는 손이 아니라 눈이고, 주체가 아니라 조력자라는 것을. 이 깨달음 이후 필자의 태도는 달라졌다. 필자는 더 이상 AI에게 "만들어 달라"고 하지 않는다. 대신 "어떻게 생각해 볼 수 있는지"를 묻는다. 결과를 요구하기보다 관점을 요청하고, 완성본을 받기보다 선택지를 펼쳐 보게 하는 방식이다.

'느림'은 약점이 아니라 기준을 세우는 힘이다

필자는 어느순간 시니어와 주니어의 차이를 더욱 분명히 느끼게 되었다. 젊은 작가들은 AI를 활용해 빠르게 만들고, 많이 시도하고, 결과를 쌓는다. 그 방식은 충분히 의미가 있다. 그러나 필자는 이미 충분히 만들어 본 사람이다. 필자에게 필요한 것은 더 많은 결과가 아니라 무엇을 선택하고 무엇을 버릴 것인가에 대한 판단이다. 그리고 그 판단은 속도가 아니라 경험에서 나온다.

필자는 작업 과정에서 AI의 도움을 이렇게 받는다. 먼저 화제나 주제를 놓고 여러 방향을 살펴본다. AI는 다양한 가능성을 제시한다. 그러나 그중에서 무엇을 남길지는 필자의 몫이다.

그리고 붓을 드는 순간부터는 AI를 멀리 둔다. 손과 결정은 언제나 필자의 것이기 때문이다. 작업이 끝난 뒤에는 다시 AI를 불러본다.

"이 작업을 설명해 보라."

그 설명이 마음에 들지 않으면 필자는 다시 작업을 한다. 이 과정에서 필자는 스스로에게 묻는다. 왜 이 여백을 남겼는지, 왜 이 획을 줄였는지, 왜 이 문장을 선택했는지를 말로 설명할 수 있는지 묻는다.

설명할 수 없는 선택은 오래 남지 않는다. 반대로 설명할 수 있는 선택은 시간이 지나도 흔들리지 않는다. 필자는 이 과정을 통해 창작이 다시 단단해지는 경험을 했다. 예전에는 감각으로만 하던 판단을 이제는 언어로도 점검하게 되었고, 그 언어화 과정이 오히려 감각을 더 선명하게 만들었다.

AI는 필자의 붓을 대신하지 않는다. 다만 필자의 기준을 더 또렷하게 만들고, 선택을 더 분명하게 하도록 돕는 도구일 뿐이다. 그래서 이제 필자는 AI를 두려워하지 않는다. 그렇다고 무조건 환영하지도 않는다. 필자가 택한 위치는 분명하다. AI는 필자의 붓을 대신하지 않는다. 다만 필자의 붓이 가야 할 방향을 점검하게 해 주는 거울이 된다.

시니어가 AI 시대에 대비하는 방법은 복잡하지 않다고 필자는 생각한다. 기술을 따라잡으려 애쓸 필요도 없다. 대신 자신이 어떤 기준으로 살아왔는지를 정리하고, 그것을 말로 꺼낼 수 있어야 한다. 기준이 언어가 되면, 시니어는 다시 중심이 된다. 속도가 아니라 방향을 제시할 수 있기 때문이다.

지금도 필자는 먹을 갈고 종이를 펼친다. 예전과 달라진 점이 있다면 이제는 시대를 두려워하지 않는다는 것이다. 변화 앞에서 움츠러들기보다 그 변화가 요구하는 역할을 받아들이기로 했다. 시니어의 귀환은 요란하지 않다. 그러나 분명하다. 우리는 사라지는 세대가 아니라 다시 중심으로 불려 나오는 세대이다. 그리고 그 중심은 언제나 기준과 의미가 있는 자리이다.

이것이 필자가 AI 시대를 살아가는 시니어 작가로서 경험한 '시니
어의 귀환'이며, 이 책에 참여한 많은 이들과 나누고 싶은 이야기이다.

시대는 빠르게 변한다. 그러나 중심은 늘 느리게 형성된다. 속도는 기
술이 만들지만, 기준은 경험이 만든다. AI는 수많은 답을 제시한다. 하
지만 어떤 답을 선택할지 결정하는 힘은 여전히 인간의 몫이다. 그 판
단의 축이 바로 시니어의 자리다. 그래서 시니어의 귀환은 과시가 아니
다. 조용한 확신이다. 나는 여전히 배우고 있고, 여전히 만들고 있으며,
여전히 의미를 더하고 있다는 확신이다.

경험은 개인을 넘어,
다음 세대의 미래가 된다

PART 7

이제, 나의 경험은
다음 세대로 간다

시니어가 다시 중심을 잡으면 조직은 조급
해지지 않는다. 속도를 낮추는 게 아니라,
방향을 분명히 하기 때문이다.

진짜 전문가는 후반전에 영향력을 만든다

전문가라는 말은 오랫동안 앞부분의 성과를 가리켰다. 얼마나 빨리 올라갔는지, 얼마나 많은 결과를 냈는지, 얼마나 앞서 있었는지. 그래서 많은 사람들은 커리어의 후반을 정리의 시간으로 여겼다. 내려놓고, 물러서고, 조용히 정리하는 단계라고 생각했다. 하지만 현장에서 보면 다른 장면이 펼쳐진다.

진짜 전문가는 후반전에 비로소 영향력을 만든다. 그 이유는 분명하다. 앞부분의 전문성이 '해내는 능력'이었다면, 후반부의 전문성은 '판단을 남기는 능력'이기 때문이다. 필자가 만난 많은 시니어들은 이 지점에서 자기 역할이 달라졌음을 느낀다. 직접 뛰는 일은 줄어들지만, 사람들이 묻는 질문은 오히려 깊어진다.

"이 상황을 어떻게 보십니까."

"이 선택의 핵심은 무엇이라고 생각하세요."

이 질문들은 방법을 묻지 않는다. 기술을 묻지도 않는다. 관점을 묻는다. 후반전의 전문성은 바로 이 관점에서 나온다. 무엇을 할 수 있는지가 아니라, 무엇을 보아야 하는지에 대한 감각이다. 이 감각은 짧은 시간에 만들어지지 않는다. 수많은 선택과 그 선택의 결과를 지켜본 사람만이 가질 수 있다. 그래서 시니어의 경험은 여기서 힘을 갖는다. 속도를 잃는 대신, 방향을 얻게 된다.

AI 시대에 이 영향력은 더 분명해진다. 정보는 이미 충분하고, 기술은 누구나 접근할 수 있다. 차이를 만드는 건 어떤 기준으로 정보를 해석하느냐이다. 후반전에 들어선 전문가는 답을 내놓기보다 질문을 정리한다. 사람들이 무엇을 고민해야 하는지를 보여준다. 이 역할은 조용하지만 오래간다. 성과처럼 눈에 띄지는 않지만, 조직과 사람의 방향에 지속적으로 영향을 준다. 그래서 후반전은 내려오는 시간이 아니다. 전문성이 확장되는 시간이다.

이제 전문가는 자기 이름을 알리기보다, 다른 사람의 판단 속에 자기 기준을 남긴다. 그리고 그 기준은 다음 세대로 이어진다. 진짜 전문가는 이 순간을 안다. 이제 내가 남길 것은 결과가 아니라, 방향이라는 것을. 이 깨달음은 자연스럽게 다음 이야기로 이어진다.

"전문성의 영향력은 개인을 넘어 어디까지 확장될 수 있을까."

성장은 이제, 혼자만의 일이 아니었다

한때 성장은 개인의 문제였다. 얼마나 더 배웠는지, 얼마나 더 앞서 갔는지, 얼마나 더 많은 성과를 냈는지로 측정되었다. 그래서 사람들은 자기 성장에 집중했다. 뒤를 돌아볼 여유는 없었고, 돌아볼 이유도 크지 않았다. 하지만 어느 시점부터 성장의 의미가 조금씩 달라지기 시작한다.

필자가 현장에서 만난 시니어들은 이 변화를 아주 또렷하게 느낀다. 더 잘해내는 것보다, 누군가의 성장을 돕는 일이 더 오래 남는다는 사실을 몸으로 알게 되기 때문이다.

"제가 했던 말 하나 때문에 후배가 방향을 잡았다고 하더라고요."

이 말에는 자랑보다 놀라움이 담겨 있다. 자신의 경험이 아직 누군가에게 쓸모가 있다는 사실에 대한 조용한 확인이다. 이 지점에서 성장은 더 이상 혼자만의 일이 아니다. 관계 속에서 확장되는 일이 된다. 시니어의 경험은 그 자체로 교재가 되지 않는다. 하지만 질문을 만나면 길이 된다.

"그때는 왜 그렇게 판단하셨나요."

"지금이라면 어디를 먼저 보실 것 같나요."

이 질문 앞에서 시니어는 자기 경험을 다시 꺼내본다. 그 과정에서 자기 자신도 한 번 더 성장한다. 그래서 성장은 전수의 과정이 아니라, 공진의 과정이다. 말하는 사람과 듣는 사람이 함께 정리하고, 함께 확장한다.

AI는 이 관계를 더 넓게 만든다.

대화가 기록되고,

생각이 정리되고,

경험이 축적된다.

한 사람에게서 시작된 성장은 여러 사람에게 동시에 영향을 준다.

이제 경험은 혼자만의 자산이 아니다. 공유될 때 더 큰 가치를 만든다. 그래서 시니어들은 자기 성장을 이렇게 다시 정의한다.

"내가 얼마나 더 갈 수 있는지가 아니라, 누구와 함께 갈 수 있는가."

이 질문이 바뀌는 순간, 성장은 속도 경쟁이 아니라 확장의 여정이 된다. 그리고 이 여정은 자연스럽게 다음 이야기로 이어진다.

"이 개인의 성장이 어떻게 사회로 확장될 수 있을까."

시니어의 귀환은
개인 차원을 넘어 사회의 변화다

시니어의 귀환을 개인의 이야기로만 보면 그 의미는 반쪽에 그친다. 다시 일하게 되었다거나, 다시 역할을 찾았다는 개인적 회복으로만 이해되기 쉽다. 하지만 현장에서 바라본 귀환은 조금 다른 결을 가지고 있다. 한 사람이 돌아오는 순간, 그 주변의 질서가 조금씩 바뀌기 시작한다.

필자가 만난 많은 사례에서 공통적으로 나타난 변화는 조직의 분위기였다. 시니어가 다시 중심을 잡으면 조직은 조급해지지 않는다. 속도를 낮추는 게 아니라, 방향을 분명히 하기 때문이다.

시니어의 경험은 문제를 빠르게 해결하지는 않는다. 대신 문제가 커지기 전에 멈추게 만든다. 어디서부터 어긋났는지를 조용히 짚어내기 때문이다. 이 역할은 개인의 성과로는 잘 보이지 않는다. 하지만 시간이 지나면 조직 전체의 리듬을 바꾼다.

그래서 시니어의 귀환은 개인 차원을 넘어, 사회적 자산의 회복이다. 경험은 개인에게만 쌓이지 않는다. 그 사람이 거쳐간 조직, 함께 일한 사람들, 지나온 결정의 흔적 속에 이미 사회적으로 축적되어 있다. 그 경험이 다시 쓰이기 시작하면 사회는 같은 실수를 조금 덜 반복하게 된다. 위험한 선택 앞에서 한 번 더 멈출 수 있게 된다.

AI 시대에 이 역할은 더 중요해진다. 기술은 빠르지만, 사회는 그 속도를 그대로 감당하지 못한다. 그 사이에서 완충 역할을 하는 존재가 필요하다. 시니어는 이 완충 지점에 설 수 있는 드문 존재다. 기술 이전의 세계와 기술 이후의 세계를 모두 경험했기 때문이다. 그래서 시니어의 귀환은 세대 간 연결이 되고, 경험의 재순환이 된다. 앞으로 나아가면서도 뒤를 버리지 않는 사회의 모습이다.

이 변화는 요란하지 않다. 하지만 깊다. 조용히 기준을 만들고, 선택의 질을 높인다. 시니어가 다시 서는 자리는 무대 위가 아니다. 결정의 옆이다. 사람들이 판단을 내릴 때 참고하게 되는 지점이다. 그 자리가 많아질수록 사회는 조금 덜 흔들린다. 조금 더 길게 본다.

시니어의 귀환은 한 세대의 문제가 아니다. 사회 전체의 성숙도에 관한 이야기다. 그리고 이 이야기는 이제 마지막 장면을 향해 간다.

"경험이 국경과 세대를 넘어 어디까지 확장될 수 있는가."

AI를 배우는 시니어, 미얀마 청소년의 미래를 열다

오순옥

40대에 시작한 교육, 60대에 만난 AI

2013년 처음 미얀마 땅을 밟았을 때 필자는 40대 후반이었다. 그리고 지금, 60대 초반에 접어든 필자는 AI를 배우며 미얀마 청소년을 위한 AI센터를 준비하고 있다. 15년 가까운 시간 동안 변하지 않은 것이 있다면 '교육을 통한 자립'이라는 생각이다. 다만 그 생각을 실천하는 방식은 계속 달라져 왔다. 현장 교육에서 온라인 교실로, 다시 AI를 활용한 직업교육으로 확장되어 옮겨가고 있다. 이 글은 필자가 걸어온 교육의 시간이 어떻게 AI와 만나게 되었는지, 그 만남이 미얀마 청소년들에게 어떤 미래의 문을 열어주고 있는지에 대한 기록이다.

타무에서 배운 '기회'의 교육: 자립과 나눔의 시작

2013년 가을, 미얀마 북서부의 작은 도시 타무에 처음 발을 디뎠다. 타무는 길이 거칠었고 전기는 하루에 몇 시간만 들어왔으며, 학교 건물은 낡았고 교과서는 부족했다. 그러나 필자가 그곳에서 먼저 본 것은 '부족함'이 아니라 '가능성과 희망'이었다. 청소년들의 눈빛에는 배움에 대한 간절함이 있었고, 가진 것은 적어도 꿈은 아름다웠다.

어느 날 한 학생이 조심스럽게 물었다. "선생님, 저희도 공부하면 다른 나라 사람들처럼 될 수 있을까요?" 그 질문에는 간절함과 불안이 함께 들어 있었다. 그 순간 필자는 깨달았다. 이 아이들에게 필요한 것은 동정이 아니라 '기회'라는 사실이다. 그리고 그 기회가 주어졌을 때 청소년들은 스스로 설 힘을 키울 수 있다는 사실이다.

그래서 필자는 생각을 바꾸었다. 단기적인 물질 지원은 잠깐의 해결책일 뿐, 삶을 바꾸는 힘이 되기 어렵다는 것을 현장에서 분명히 보았기 때문이다. 필자가 선택한 방식은 교육이었다. 장학 캠프를 시작했고 지역 학교와 손을 잡았으며, 청소년들이 도움을 받는 사람에 머무르지 않고 스스로 설 수 있는 사람이 되도록 돕기로 했다.

필자가 믿는 교육은 지식을 전달하는 일이 아니다. 삶의 방향을 찾게 하는 과정이며, 스스로 선택하고 책임지도록 돕는 일이다. 교육의 마지막 목표는 자립이고, 자립의 다음 단계는 나눔이다. 그래서 필자의 교육 봉사는 처음부터 '자립'과 '나눔'을 향해 있었다.

매년 미얀마를 오가며 필자는 청소년들과 직접 만나 관계를 쌓았다. 어느 해 여름, 한 학생이 편지를 건넸다. "선생님 덕분에 저는 꿈이 생겼어요. 저도 나중에 다른 사람을 도울 수 있는 사람이 되고 싶어요.”
그 편지는 필자가 하는 일의 의미를 다시 확인시켜 주었다. 교육은 한
사람의 삶을 바꾸고, 그 사람이 다시 다른 사람의 삶을 바꾸는 선순환
을 만든다는 사실이다.

멈춤이 끝이 아니라 연결이 된 순간: 줌 수업과 AI의 필요

2020년, 모든 것이 멈췄다. 코로나19가 전 세계를 덮쳤고 미얀마는
설상가상으로 내전까지 휩싸였으며, 오가던 길이 끊겼다. 공항은 닫
혔고 국경은 봉쇄되었다. 50대 후반의 필자는 갑자기 익숙했던 방식
전체를 잃어버렸다. ‘갈 수 없음’은 단순한 이동의 문제가 아니었다.
필자의 미얀마 10년 활동이 멈춘다는 뜻이었고, 직접 만나 함께 시간
을 보내며 쌓아온 관계의 방식이 더 이상 통하지 않는다는 의미였다.

처음엔 막막했지만 곧 분명해졌다. 현장은 멈출 수 있어도 관계는
멈출 수 없다는 사실이다. 그래서 필자가 선택한 것이 줌Zoom을 통
한 온라인 연결이었다. 처음에는 화면 공유도, 음소거 해제도, 채팅
창 위치도 익숙하지 않았다. 50대 후반의 나이에 새로운 기술을 익히
는 일이 쉬울 리 없었다. 그러나 청소년들과의 연결이 끊어지는 것을
더 견딜 수 없었다.

첫 온라인 수업을 열던 날, 화면 너머 학생들의 얼굴은 절망 속의 희
망이었다. 고달픈 내전 중에도 눈빛만큼은 여전히 반짝였다. 그 눈빛
이 필자에게 계속할 이유가 되었다. 그렇게 한국어 교실, 글쓰기 교

실, 컴퓨터 교실, 미싱 교실이 하나둘 열려가기 시작했다. 교육 방식은 달라졌지만 목적은 동일했다. 미얀마 청소년들이 현지에서 전문성을 키우고 자립할 힘을 기르는 일이다.

온라인 교육을 이어가며 필자는 더 깊은 질문을 하게 되었다. 앞으로 이 아이들이 살아갈 세상은 어떤 모습인가. 지금 준비해야 할 배움은 무엇인가. 10년 뒤에도 쓸모 있는 교육은 무엇인가. 그 질문 끝에서 AI가 보이기 시작했다.

그러나 솔직히 말하면 두려움이 먼저였다. "AI가 일자리를 빼앗는다"는 이야기만 들렸고, 이 변화가 미얀마 청소년들의 삶과 어떻게 연결되는지 쉽게 보이지 않았다. "내가 AI를 이해할 수 있을까", "이 아이들에게 정말 필요한가", "이 나이에 다시 배워야 하나"라는 망설임이 오랫동안 반복되었다.

전환점은 에릭KHR 강사의 AI 특강이었다.

"AI는 도구이자 파트너입니다."

"중요한 것은 기술을 따라가는 것이 아니라, AI를 통해 무엇을 가능하게 할 것인가를 먼저 묻는 것입니다."

그 말이 필자에게 번개처럼 들어왔다. 필자가 AI를 배워야 하는 이유는 기술 때문이 아니라, 미얀마 청소년들의 가능성을 넓히기 위해서라는 사실이 분명해졌다.

완벽해서 시작하는 것이 아니라, 필요하기 때문에 도전해야 한다는 사실도 깨달았다. 그 순간 망설임보다 결심이 앞섰다. 2020년 현장이 멈춘 자리에서 줌으로 연결을 만들었던 것처럼, 이제는 AI로 다음 연결을 만들어야 한다고 판단했다.

AI센터는 기술학원이 아니라 '질문하는 훈련장'이다

AI를 본격적으로 배우기 시작한 지 2년이 되었다. 60대 초반에 시작한 AI 공부는 결코 쉽지 않았다. ChatGPT, 프롬프트, 생성형 AI, 이미지 생성, 데이터 분석 같은 낯선 용어가 쏟아졌고, 젊은 수강생들은 금방 따라가는데 필자는 같은 내용을 여러 번 되풀이해야 했다. 때로는 수업이 끝난 뒤 다시 질문했고, 유튜브 강의를 찾아보며 복습했다. 그러나 포기하지 않았다.

이 과정에서 필자는 다시 확인했다. 배움에는 나이가 없으며, 중요한 것은 속도가 아니라 방향이고, 완벽하지 않아도 시작할 수 있다는 사실이다. 아직 모든 것이 익숙한 것은 아니지만 더 분명해진 것이 있다. 필자가 AI를 배우는 이유는 기술을 잘 다루기 위해서가 아니라, 다음 세대의 선택지를 넓히기 위해서라는 점이다. 배움의 목표가 분명해지자 두려움은 도전으로 바뀌었다.

미얀마 청소년들은 배움의 기회가 부족하고 정규 교육은 불안정하며, 진로의 폭도 좁다. 인프라는 부족하고 글로벌 시장으로 닿는 통로도 제한적이다. 그러나 필자는 이 현실이 AI를 통해 오히려 새로운 가능성을 열 수 있다고 믿는다. 기존의 길이 막혀 있기에 AI를 활용한 자립의 방식은 더 다양하게 열릴 수 있을 것이기 때문이다.

AI 번역 도구는 언어 장벽을 낮춘다. AI 디자인 도구는 로고와 포스터, 웹사이트를 만들며 작은 브랜드를 시작하게 한다. AI 영상 편집 도구는 콘텐츠를 제작해 전 세계와 연결되게 한다. 데이터 분석은 지역의 문제를 관찰하고 해결책을 제안하는 프로젝트를 가능하게 한다. 무엇보다 물리적 제약 없이 온라인으로 고객과 파트너를 만나 일할 수 있다는 점에서 AI는 청소년들이 지역 안에서도 글로벌과 연결되는 통로가 된다.

그래서 필자가 준비하는 것이 미얀마 AI센터이다. 이제 시작이지만 방향은 분명하다. 이곳은 기술을 가르치는 곳이 아니다. 새로운 세상을 열기 위해 훈련하는 공간이다. 필자는 청소년들에게 답을 주려 하지 않는다. 대신 질문을 훈련시키려 한다. "나는 무엇을 할 수 있는가.", "내가 좋아하는 것은 무엇인가.", "이 기술로 내 삶을 어떻게 바꿀 수 있는가.", "우리 동네의 어떤 문제를 풀 수 있는가.", "나는 어떤 가치를 만들고 싶은가." 이 질문을 스스로 던지고 스스로 답을 찾아가도록 돕는 곳이 AI센터이다.

필자의 역할은 첫 발을 디딜 자리를 마련해 주는 사람이다. 2013년 타무에서 시작된 '기회'의 교육은 2020년 '연결'의 교육이 되었고, 이제는 AI를 통한 '미래 확장'의 교육으로 이어지고 있다.

시니어의 귀환, 그 진짜 의미

필자의 교육 이야기는 새로운 모습으로 넓어지고 있다. 40대에 시작한 교육 활동은 50대에 온라인으로 전환되었고, 60대에 AI를 만나

다음 세대의 미래를 여는 도구가 되고 있다. 현장에 가지 못해도 배움을 통해 길을 만들 수 있다는 사실을 필자는 이 과정에서 배웠다.

시니어의 귀환은 과거로 돌아가는 일이 아니다. 젊은 시절로 되돌아가는 일도 아니다. 시니어의 귀환은 오랜 시간 쌓아온 경험과 가치를 다음 세대에게 전달하기 위해 새로운 도구를 배우는 용기를 내는 일이다. 나이가 배움의 끝이 아니라 더 깊은 배움의 시작이 될 수 있음을 증명하는 일이다.

시니어의 귀환은 필자에게 40대에 시작한 교육이 60대에 AI를 만나 다음 세대의 자립으로 확장되는 과정이며, 배움이 끝이 아니라 새로운 시작임을 보여주는 길이다. 2013년 미얀마에서 시작한 교육은 '기회'를 통해 자립과 나눔을 목표로 했다. 2020년 현장이 멈추자 온라인으로 전환하며 AI의 필요를 발견했다. 미얀마 AI센터는 청소년이 질문하고 선택하며 글로벌 자립으로 나아가게 하는 디딤돌이다.

1%의 영감, 99%의 실행으로 다시 뛰다

현종도

왜 AI는 항상 '보여주기'에서 멈추는가

AI는 이미 기업 경영의 중심 의제가 되었다. 이제 AI를 이야기하지 않는 조직은 시대에 뒤처진 것처럼 보인다. 예산이 편성되고, 조직이 만들어지고, 수많은 프로젝트가 동시에 시작된다. 그러나 일정 시간이 지나면 비슷한 질문이 반복된다.

"AI를 도입했는데, 왜 성과는 보이지 않는가?"

이 질문은 기술에 대한 불만처럼 들리지만 실제 원인은 기술에 있지 않다. AI의 성능이 부족해서가 아니라, AI를 어디에, 왜 써야 하는지에 대한 고민이 충분하지 않았기 때문이다. AI는 만능 도구가 아니다. 비즈니스의 본질과 조직의 일하는 방식을 이해하지 못한 채 AI를 적용하면, 결과는 자동화된 비효율에 그친다.

현장에서 보면 AI는 주로 '보여주기 쉬운 영역'에 먼저 적용된다. 보고서 작성, 자료 정리, 반복 업무 자동화 같은 과제들이다. 물론 의미 없는 일은 아니다. 그러나 이것만으로는 경영진이 기대하는 성과에 도달하기 어렵다. 경영진이 진짜로 궁금해하는 질문은 훨씬 근본적이다.

"AI가 우리 사업의 본원적 경쟁력을 더 강하게 만드는가?"

이 질문에 답하기 위해서는 기술보다 먼저 비즈니스 본원적 경쟁력이 무엇이며, 이를 위해 어떻게 일을 해야 하는지를 이해해야 한다. 그리고 이 이해는 하루아침에 만들어지지 않는다.

일을 아는 사람이 AI를 잘 쓰고, 그 사람이 '시니어'다

필자는 그룹 AI 전략을 담당하며 이 현실을 직접 경험했다. 높은 분께 AI 추진 과제를 보고하던 자리에서 받은 지적은 기술의 부족이 아니었다. AI 모델의 성능이나 데이터의 양이 문제라는 이야기는 없었다. 문제는 단 하나였다.

"그래서 현재 추진하고 있는 AI 과제가 우리 그룹의 본원적 경쟁력과 어떻게 연결되는가?"

당시 필자는 AI를 활용하여 업무 생산성을 높이는 과제 중심으로 보고를 했다. 예를 들면, 업무처리 시간을 단축하는 과제들이나, 단순한 업무를 AI로 대체하는 과제들이 중심이 되었다. 설명하기 쉽고, 추진 기간이 짧고, 성과가 빠르게 드러나기 때문이다. 그러나 윗분이 궁금해한 것은 그 너머였다. AI가 단순히 일을 빠르게 하는 수준을 넘어, 그룹의 본원적 경쟁력을 어떻게 강화되는지를 알고 싶어 했다.

이 경험을 통해 필자는 분명히 깨달았다. AI 성과의 출발점은 기술이 아니라 **일하는 방식에 대한 이해와 비즈니스 본원적 경쟁력 강화**라는 사실이다. 조직은 어떻게 의사결정을 하는가, 어디에서 일이 반복되는가, 어떤 보고가 판단으로 이어지고 어떤 보고가 형식에 그치는가. 이 질문에 답할 수 있어야 AI를 제대로 쓸 수 있다.

이 지점에서 시니어의 경험은 결정적인 힘을 가진다. 시니어는 조직 안에서 실제 일을 해본 사람들이다. 현장과 본사, 실무와 임원, 전략과 실행 사이의 간극을 몸으로 겪어왔다. AI를 어디에 적용해야 하는지는 기술자가 아니라, 일을 아는 사람이 판단한다. 그리고 그 '일'을 가장 깊이 아는 세대가 바로 시니어다. AI는 질문에 답하지만, 무엇을 질문해야 하는지는 알려주지 않는다. 그 질문을 던질 수 있는 사람이 바로 시니어다.

AI는 '속도'를 맡고, 시니어는 '판단'을 맡는다

시니어에게 늘 따라붙는 평가가 있다. "경험은 많지만 느리다"는 말이다. 실제로 많은 시니어는 자료를 검색하고, 정리하고, 요약하는 과정에서 부담을 느낀다. 디지털 도구는 여전히 낯설고, 정보는 넘쳐난다.

그러나 이것은 능력의 문제가 아니다. 도구의 문제다. 시니어는 오랫동안 아날로그 시대의 방식으로 일해왔다. 정보는 직접 찾고, 정리는 손으로 하고, 요약은 머릿속에서 했다. 이 방식은 깊이는 있었지만 속도에는 분명한 한계가 있었다.

AI는 바로 이 지점을 해결한다. 검색, 정리, 요약, 비교와 같은 반복적이고 소모적인 작업을 AI가 대신해준다. 시니어가 가장 많은 에너지를 빼앗기던 영역을 AI가 맡아주면서, 시니어는 다시 본래의 역할로 돌아갈 수 있다. 판단하고, 방향을 설정하고, 결정하는 일이다.

필자 역시 AI를 활용하며 업무 방식의 순서를 완전히 바꾸었다. 예전에는 자료를 모으고 정리한 뒤 생각했다면, 이제는 먼저 질문을 던지고 AI로 정보를 압축한 뒤 판단한다. 이 변화는 단순한 편리함의 문제가 아니었다. 의사결정의 질과 속도를 동시에 끌어올렸다.

중요한 것은 AI가 제시한 답을 그대로 쓰지 않는다는 점이다. 그 답을 검토하고, 걸러내고, 우리 상황에 맞게 해석하는 판단은 여전히 사람의 몫이다. 속도가 붙자, 시니어의 경험은 더 분명한 가치를 드러냈다. 질문에 대비할 수 있는 시야가 넓어졌고, 보고의 논리는 단단해졌다. AI는 시니어를 대체하지 않았다. 오히려 시니어가 가진 경험을 더 빠르게, 더 정확하게 증명할 수 있게 해주었다.

1%의 영감과 99%의 노력이 만날 때

에디슨은 천재란 99%의 노력과 1%의 영감이라고 말했다. 이 말을 오늘의 시니어에게 다시 적용해보면 의미가 달라진다. 시니어는 이미

1%의 영감을 충분히 가지고 있다. 수많은 사례를 통해 쌓인 직관, 본질을 꿰뚫는 감각, 상황을 읽는 판단력이다.

문제는 99%의 노력이었다. 자료를 찾고, 비교하고, 정리하고, 반복하는 작업은 시간과 체력을 요구한다. 이 과정에서 많은 시니어가 지치고, 스스로를 뒤처진 존재로 느낀다. 그러나 이제 그 99%의 노력을 AI가 대신해준다.

AI는 지치지 않는다. 반복을 싫어하지 않는다. 방대한 정보를 빠르게 모으고, 정리하고, 요약한다. 시니어는 그 위에서 영감을 발휘하면 된다. 방향을 정하고, 무엇이 중요한지 결정하는 역할에 집중하면 된다.

1%의 영감을 가진 시니어와 99%의 노력을 수행하는 AI. 이 조합은 시니어를 다시 경쟁력의 중심으로 돌려놓는다.

시니어의 귀환은 선택이 아니라 구조다

필자는 '시니어의 귀환'을 감성적인 구호로 보지 않는다. 이것은 구조적인 변화의 결과다. AI 시대에는 경험이 낡지 않는다. 오히려 경험은 기술을 만나 성과로 전환된다. 일하는 방식을 아는 시니어, 속도를 갖춘 시니어, 영감을 판단으로 연결할 수 있는 시니어는 다시 조직의 중심으로 돌아온다. 과거를 정리하기 위한 작업이 아니라, 앞으로의 역할을 재정의하는 과정이다. 경험은 아직 끝나지 않았다. 이제 다른 방식으로, 더 빠르게, 더 멀리 쓰일 뿐이다.

시니어의 귀환은 필자에게 새로운 길이다. AI 성과의 핵심은 기술이 아니라 일하는 방식에 대한 이해다. 시니어의 속도 한계는 AI가 해결하고, 판단은 시니어의 몫이다. 1%의 영감과 99%의 노력이 결합될 때, 시니어는 다시 가장 강력해진다.

나이는 숫자다. 경험은,
아직 끝나지 않은 이야기다

이 책을 덮는 순간, 무언가를 더 하라고 말하고 싶지는 않다. 다만 잠시 멈춰서 자기 시간을 돌아보게 하고 싶다. 나이는 분명 숫자다. 하지만 우리가 지금까지 살아온 시간은 숫자로만 남지 않는다. 그 시간은 선택이었고, 판단이었고, 관계였다. 그래서 경험은 줄어들지 않는다. 다만 불리지 않았을 뿐이다.

우리는 오랫동안 경험을 과거에 두었다. 이미 지나간 것, 이미 끝난 것, 이제는 내려놓아야 할 것으로 취급해왔다. 하지만 이 책에 담긴 이야기들은 그 생각이 사실이 아니라는 걸 조용히 보여준다.

경험은 지나간 시간이 아니라, 다시 불릴 때 현재가 된다. 다른 맥락에 놓일 때 새로운 역할을 얻는다. AI 시대는 그 전환을 앞당겼다. 경험을 밀어내기보다, 다시 꺼내보게 만들었다. 정리하고, 연결하고, 다시 쓰게 만들었다. 그래서 이 책의 주인공은 AI가 아니다. 시니어도 아니다.

"주인공은 아직 끝나지 않았다고 느끼는 사람이다."

“자기 경험을 정리해보고 싶은 사람, 다시 한 번 자기 기준으로 서 보고 싶은 사람이다.”

이 책에 등장한 열일곱 명의 이야기는 대단한 성공담이 아니다. 대신 자기 자리를 다시 찾은 이야기다. 누군가는 직함이 바뀐 뒤에, 누군가는 삶의 리듬을 다시 세우며, 누군가는 다음 세대를 바라보는 순간에 귀환을 시작했다. 그 귀환은 요란하지 않았다. 하지만 분명했다. 이제 남은 질문은 이것 하나다.

“당신은 어디에서 다시 서고 싶은가.”

지금 당장 답을 찾지 않아도 괜찮다. 그 질문을 마음속에 올려두는 것만으로도 이야기는 이미 시작되었다. 나이는 숫자이다. 경험은 아직 끝나지 않은 이야기다. 그리고 이 이야기는 당신이 다시 부르는 순간, 설레이는 다음 장을 써내려가는 자신을 발견하게 될 것이다.

지금의 나를
확인하는 시간

이 질문은 앞으로 어디로 갈 것인지를 묻기 전에 반드시 거쳐야 한다. 지금 나는 어디쯤 와 있는가. 이 질문에는 정답이 없다. 비교할 대상도 없다. 누군가보다 앞서 있는지, 뒤처져 있는지를 가리기 위한 질문도 아니다. 다만 지금 이 자리에서 자기 발을 내려다보는 질문이다.

많은 사람들은 자기 위치를 성과로 판단해왔다. 얼마를 벌었는지, 어디까지 올라갔는지, 무엇을 해냈는지로 스스로를 설명했다. 하지만 이 책을 여기까지 읽어왔다면 이미 느꼈을 것이다. 이제는 그 기준만으로 자기를 설명하기 어렵다는 것을. 지금의 나는 더 빨리 가는 사람이기보다, 어디를 보고 가는 사람인가. 더 많은 일을 하는 사람이기보다, 무엇을 지키며 일하는 사람인가. 이 질문 앞에서는 속도를 잠시 내려놓아도 된다. 방향을 다시 잡는 시간이 더 중요해졌기 때문이다.

지금의 나는 아직 설명이 어려운가. 경험은 많은데 말로 묶이지 않는가. 혹은 이미 한 문장으로 자기를 말할 수 있는가. 어느 쪽이든 문제가 되지 않는다. 중요한 건 그 상태를 정직하게 바라보는 일이다.

"지금의 나는 여전히 무언가를 증명하려 애쓰는가."

"아니면 기준을 남기고 싶은가."

이 질문에 대한 대답은 시간에 따라 달라질 수 있다. 그 변화 역시 자연스러운 과정이다. 다음에 나오는 체크리스트는 부족함을 찾기 위한 것이 아니다. 지금의 나에게 이미 있는 것과, 이제 다르게 써볼 수 있는 것을 구분하기 위한 도구다. 천천히 살펴봐도 좋고, 한 번에 표시해도 괜찮다. 중요한 건 솔직해지는 것이다. 지금의 나를 있는 그대로 확인하는 순간, 다음 이야기는 이미 시작된다.

경험 → 질문 → 통찰 → 영향력 체크리스트

이 체크리스트는 당신을 평가하기 위한 도구가 아니다.

지금의 나에게 이미 무엇이 와 있는지를 확인하기 위한 지도이다. 빠르게 표시하지 않아도 좋다. 문장을 읽으며 고개가 끄덕여지는 지점에 천천히 표시해도 충분하다.

① **경험** Experience

나는 이미 충분히 살아왔다고 느낀다.

☐ 비슷한 상황을 여러 번 지나온 기억이 있다

☐ 위기 앞에서 내가 반복해온 선택이 떠오른다

☐ 사람이나 조직을 대할 때 나만의 기준이 있다

☐ 설명은 어렵지만, 판단에는 자신이 있다

☐ "그땐 왜 그랬을까"를 스스로 설명할 수 있다

→ 체크가 많다면 당신의 경험은 이미 **자산의 형태**를 갖추고 있다.

② **질문** Question

나는 내 경험을 다시 묻기 시작했다.

☐ 예전의 선택을 다시 돌아보게 된다

☐ "지금이라면 다르게 할까?"를 자주 생각한다

☐ 정답보다 관점을 묻는 질문이 늘었다

☐ AI를 쓰면서 질문의 질을 의식하게 됐다

☐ 타인의 답보다, 내 기준을 확인하고 싶다

→ 질문이 생겼다면 경험은 이미 **현재로 이동 중**이다.

③ **통찰** Insight

나는 나만의 판단 문장을 갖고 있다.

☐ 내 경험을 한 문장으로 말해본 적이 있다

☐ 문제를 보면 먼저 보는 지점이 있다

☐ 무엇을 하지 않을지 분명하다

☐ 결과보다 과정의 기준을 중요하게 여긴다

☐ AI의 답을 그대로 쓰지 않고, 해석한다

→ 통찰이 생겼다면 당신의 경험은 **재사용 가능 상태**다.

④ 영향력 Impact

나는 내 경험을 누군가와 연결하고 있다.

☐ 누군가가 내 관점을 참고한다

☐ 후배나 동료가 판단을 묻는다

☐ 조언보다 맥락을 설명하려 한다

☐ 내 말이 누군가의 방향에 영향을 준 적이 있다

☐ 경험을 혼자 두지 않으려 한다

→ 영향력이 보인다면 당신은 이미 **귀환의 다음 단계**에 와 있다.

이 체크리스트는 완성 여부를 가리기 위한 것이 아니다. 지금의 위치를 조용히 확인하기 위한 장치다. 이제 다음 질문은 자연스럽게 던져보자.

"그렇다면 이 경험과 통찰을 일상에서는 어떻게 써볼 수 있을까."

시니어 AI 루틴 실전 가이드

더 잘하기보다, 덜 흔들리기 위한 하루 10분의 사용법

"이걸 써도 내 리듬이 깨지지 않을까요?"

이미 충분히 달려온 사람들에게 AI는 속도를 더하는 도구가 아니다. 오히려 속도를 조절하기 위한 도구이다. 지금 필요한 건 더 앞서가는 능력이 아니라, 흔들리지 않는 중심이기 때문이다. 그래서 이 루틴은 성과를 높이기 위한 전략이 아니다. 삶과 일을 지속 가능하게 유지하기 위한 사고의 리듬이다. 하루 10분이면 충분하다. 그 10분은 AI를 배우는 시간이 아니라, 자기 생각을 다시 불러오는 시간이다.

AI는 배움의 대상이 아니라, 정리의 도구다

많은 사람들이 AI를 쓰다 중간에 멈춘다. 처음엔 흥미롭지만, 어느 순간 부담이 된다. 이유는 분명하다. AI를 '학습해야 할 대상'으로 접근했기 때문이다. 익혀야 하고, 따라가야 하고, 뒤처지면 안 된다고 생각한다. 하지만 시니어에게 AI는 배워야 할 존재가 아니다. 이미 머

릿속에 있는 생각, 몸으로 알고 있는 판단, 오랫동안 반복해온 기준을 정리해주는 도구다. 그래서 중요한 건 새로운 습관을 만드는 게 아니라, 이미 있는 생활 위에 아주 얇게 얹는 것이다. AI는 삶을 바꾸는 장치가 아니라, 삶을 정리하는 장치다.

아침·낮·저녁, 생각의 위치만 바꾼다

이 루틴은 시간을 따로 떼어내지 않는다. 이미 있는 하루의 틈에 생각을 놓는다.

아침 3분 | 오늘의 기준을 세우는 시간

아침에 AI에게 이렇게 묻는다.

"오늘 내가 굳이 하지 않아도 될 일은 무엇일까?"

"오늘 가장 중요한 판단은 어디에서 일어날까?"

이 질문은 할 일을 늘리기 위한 질문이 아니다. 오히려 덜 하기 위한 질문이다. 기준이 먼저 서면 하루는 덜 흔들린다. 일이 몰려와도 무엇을 먼저 볼지 알게 된다. 시니어들이 이 질문 앞에서 자주 하는 말이 있다.

"이건 오늘 안 해도 되겠네요."

그 순간, 하루의 밀도가 바뀐다.

낮 4분 | 판단을 정리하는 시간

업무 중간, 회의 전후, 머릿속이 복잡해질 때 AI는 가장 유용해진다.

이때의 원칙은 하나다. 결정을 맡기지 않는다. 정리만 맡긴다.

예를 들면 이런 질문이다.

"이 상황의 핵심을 세 줄로 정리해줘."

"선택지별 장단점을 구조로 보여줘."

AI는 판단하지 않는다. 대신 판단할 수 있게 정리해준다. 이 과정을 거치면 사람은 자기 기준을 더 분명히 본다. 어디에서 마음이 걸리는지, 왜 망설이는지가 드러난다. 그래서 AI를 써도 결정은 느려지지 않는다. 오히려 불필요한 고민이 줄어든다.

저녁 3분 | 하루의 통찰을 남기는 시간

하루를 마칠 때 딱 한 가지 질문이면 충분하다.

"오늘 내가 내린 가장 중요한 판단은 무엇이었나?"

"그 판단의 기준은 무엇이었나?"

이 질문은 반성을 요구하지 않는다. 평가도 필요 없다. 그저 기록이다. 이 기록이 쌓이면 어느 순간 자기 패턴이 보인다. 항상 비슷한 지점에서 같은 판단을 반복하고 있다는 사실이 드러난다. 그 반복이 곧 통찰이다.

시니어 AI 루틴의 세 가지 원칙

첫째, **결정은 사람, 정리는 AI**다. AI는 판단을 대신하지 않는다. 판단의 재료만 정리한다.

둘째, **속도보다 리듬**이다. 빨리 익히는 것보다 꾸준히 돌아오는 것이 중요하다.

셋째, **질문은 짧게, 해석은 깊게**다. AI에게 던지는 질문은 간단해도 된다. 답을 받아들이는 해석은 사람의 몫이다.

이 루틴을 몇 주만 이어간 사람들은 비슷한 말을 한다.

"생각이 덜 흩어집니다."

"결정이 가벼워졌습니다."

"하루가 정리된 느낌입니다."

이 변화는 요란하지 않다. 하지만 오래 간다. AI는 새로운 능력을 만들어주지 않는다. 대신 이미 있는 능력을 정돈해준다. 그 정돈이 반복되면 사람은 다시 자기 중심으로 돌아온다. 이게 바로 귀환이다.

시니어 AI 루틴은 삶의 태도다

이 루틴은 일을 더 하기 위한 방법이 아니다. 삶을 덜 소모하기 위한 태도다. 성과는 이 태도 위에서 자연스럽게 따라온다. 억지로 만들지 않아도, 흐름 속에서 결과가 생긴다. 그래서 시니어에게 AI는 미래를 준비하는 도구가 아니라, 지금을 정리하는 도구다.

"AI는 나를 대신하지 않는다. 다만, 나를 다시 부르게 할 뿐이다."